学習集団研究の現在 1
いま求められる授業づくりの転換
目　次

刊行の辞にかえて
　　―いま、なぜ、「学習集団研究の現在」なのか……………深澤広明‥‥1

第1部　グローバル時代の教育改革で求められる学習集団による授業
第1章　コンピテンシーによる教育のスタンダード化の中の
　　　　　　　　　学習集団研究の課題………………中野和光‥‥8
第2章　生成的学習集団への転換………………………………子安　潤‥‥19
第3章　インクルーシブ授業としての学習集団……………湯浅恭正‥‥31
第4章　アクティブ・ラーニングと学習集団研究…………久田敏彦‥‥42

第2部　学習集団づくりによる授業の改造
　　　　―実践記録とキーワードの再定義
第1章　子どもたちが出会い直すための指導的評価活動：「評価」の再定義
　　　　　　　　………………………長谷川清佳・八木秀文‥‥54
第2章　子どもたちと達成感を共有する班づくり：「班」の再定義
　　　　　　　　………………………山口　隆・宮原順寛‥‥76
第3章　魅力ある発問づくりにつながる教材研究：「発問」の再定義
　　　　　　　　………………………小泉　靖・佐久間敦史‥‥93
第4章　子どものニーズをふまえた全員参加の授業づくり
　　　　　　　：「全員参加」の再定義……………竹内　元‥110

第3部　学習集団研究の最前線
第1章　教育実践史研究のなかの学習集団………………豊田ひさき‥126
第2章　教科教育と学習集団：国語の授業と集団の指導……阿部　昇‥138

あとがきにかえて
　　―学習集団研究の「現在」に向けて…………………吉田成章‥149

刊行の辞にかえて
―― いま、なぜ、「学習集団研究の現在」なのか

　近年の教育改革のスピードは加速度的で、なおかつ、これまでの教育改革とは違って、より教育の本質的な部分に深く切り込んだものとなっている。これまでの学習指導要領の改訂作業が、教育の目標と内容のレベルで行われてきたのに対して、近年の教育改革では、アクティブ・ラーニングやパフォーマンス評価に象徴されるように、教育における「目標―内容―方法―評価」を一体的に捉えての論議となっている。こうした論議の流れを受けて、「次期学習指導要領等に向けたこれまでの審議まとめ（案）」が８月に提示された。これからの教育のあり方について、今後いっそう、教育実践レベルにおいての論議が活性化するであろう。

　いや、むしろ、この間の動きを見ていると、事態はその先を行っている。これまでのように国の学習指導要領が示されてから、その後に各地方の教育のあり方が変わっていくという段階論的な進行であるというより、たとえば広島県の場合、次期学習指導要領をにらんで、「グローバル化する21世紀の社会を生き抜くための新しい教育モデルの構築」に向けて「広島版『学びの変革』アクション・プラン―コンピテンシーの育成を目指した主体的な学びの充実―」（2014年12月）が策定され、学校現場においてはプランに即してアクティブ・ラーニングやパフォーマンス評価に関する実践的な試みが積み重ねられている。そこでは、一方で国の審議をにらみながらも、それを先取りするような教育実践が試みられ、日常的に語られている状況にある。

　ところで、この間の教育改革の論議の背景の一つは、子どもたちの学びのあり方をめぐって、「主体性」と「集団性」が問われ続けてきたことにある。「主体性」が問われる源流の一つに、平成元年版の学習指導要領とともに評価観を転換した「関心・意欲・態度」重視の「新しい学力観」の提唱がある。子どもたちの学ぶ意欲の喪失を受けての学力観の転換によって、「学び」からの逃走する子どもの姿が浮き彫りにされることになった。学びからの逃走を問題提起した佐藤学氏は、その根底について次のように述べている。

　　「学び」からの逃走の根底には、モノや他者や事柄に対する無関心が

あります。「関係ない」という思想こそ、学びに対するニヒリズムそのものと言ってよいでしょう。世界のどこで戦争が起ころうと、この国のどこで人権が蹂躙されようと、「わたしには関係ない」と言ってしまえば、何も知る必要はないし、何も学ぶ必要はありません。[1]

　ここに示されている「学び」から逃走する子どもの「わたしには関係ない」という姿勢は、学ぶ「主体の不在」を物語るものである。アクティブ・ラーニングで「主体的」な学びが強調される背景には、学ぶ「主体の不在」という現実があるのではないか。ここに、これまでの学習集団研究が取り組んできた「主体形成論」を、「主体の生成」をめぐる論議として「主体の不在」に対置して問い直す必要がある。
　「集団性」が問題となる背景としては、「新しい学力観」の時期と重なりながら顕在化した「学級崩壊」に象徴的なように、排他的で競争的な関係のなかで進行する子どもの学びの孤立化の問題がある。崩壊クラスの再建に取り組んだ今泉博氏は、次のように述べている。

　　昨年度卒業していった戸坂くんは、「ぼくは、話し合って授業し、友だちと語れる学校はいい所だと思いました」と実感をこめて語っています。小学校六年間で彼が到達した結論でした。しかし、最初からそう思っていたのではありませんでした。
　　「ぼくは、一年生のころからずっと学校なんてなければいいのにと思っていました。学校なんて行くだけ時間のむだだし、おもしろくもないと思っていました。学校に行かなくたって、ドリルを買って自分で勉強したりできるし、早く終われば遊び放題で、学校に行かない方がよっぽどたのしいと思っていました。〔…後略…〕[2]

　「ドリルを買って自分で勉強したりできる」と述べる子どもの表現には、勉強は一人でするものであり、集団で学ぶ必要はないという通俗的な学習観が根強く潜んでいる。学びにとって集団は不要であり、「話し合って授業」をする必要もないし、むしろ集団で学ぶから学級も崩壊するし、「おもしろくない」経験を重ねてきたのだと思われる。アクティブ・ラーニングで「対話的」あるいは「協働的」な学びが強調され、集団思考や「話し合って授業」

することがより強く求められるようになると思われる。しかし、そのさい問題となるのは、対話や協働、あるいは集団思考や「話し合い」の基盤となる集団のあり方である。子どもがその一員である集団のあり方が、対話や協働、集団思考や「話し合い」のあり方を規定するからである。ここに、これまで学習集団研究が取り組んできた集団思考や「話し合い」の基盤となる集団の組織方法論を、「集団の形成」をめぐる論議として「集団の不要」に対置して検討し直す必要がある。

　教育改革論議の背景にある「主体の不在」と「集団の不要」に対して、「主体の生成」と「集団の形成」のあり方を理論的にも実践的にも主要な関心事にしてきた「学習集団研究の現在」を問い直すことで、「いま求められる授業づくりの転換」を具体的に明らかにしていきたい。そうした思いで、とりわけ学習集団研究の拠点であった広島大学教育方法学研究室に関係するものが集まって協議を重ね、まずは「学習集団研究の現在」の第1巻を編集し、できれば「年報」的に継続的に刊行していく必要性を確認した次第である。

　ふりかえれば、本書の前身として、1974年に広島大学教育方法学研究室の主任教授となった吉本均によって『学習集団研究』が創刊され、1984年の第10集まで刊行された。その後、1990年から刊行された『授業と学習集団』が1992年に第3号で終了してから、「学習集団」を表題とするジャーナル的な著書は、広島大学教育方法学研究室の関係者から出されていない。1996年に吉本均が逝去して、本年で20年となる。われわれに対する外部からの評価は、「なお、1970年代以降の流れの一つとして、吉本均を指導者とする『学習集団論』による授業づくりも見逃せないが、現在は理論的指導者を失っている」[3]という状況なのだと思う。個人としての「理論的指導者を失って」いてもよいが、教育実践に対する「指導的理論」が今日どのような状況なのかについて、われわれは顧みる必要がある。その意味でも、本書の刊行は、教育実践に関与しながら研究を積み重ねていく教育方法学研究室に籍を置くものにとっての責務なのだと思う。

　教育実践に関与しながらも、本書のタイトルを「学習集団研究の現在」とした理由は、実践記録の記述の仕方や実践的研究のあり方をも含め、「研究」そのものを問い直したいという思いからである。とりわけ教育実践とともにあるわれわれの研究は、もとより多様ではあるが、教育実践とのスタンスという意味で、吉本均とともに「規範的アプローチ」をとらざるをえない側面

がある。吉本均に言及しながら「規範的アプローチ」を執筆した鳥光美緒子氏は、依然として残された課題を次のように提示して締めくくっている。

> 吉本が提案するのは、Theorie（理論）とは区別される、Lehre（教則）のレベルの授業論である。山びこ学校から島小の授業まで、教師に対して「実践的な示唆と指針を与え」、授業改造にせまりうる授業論がすでにわが国にはある。彼自身の「学習集団づくり」の筋道についての論もその一つとしてとらえることのできるものである。このようなLehre（教則）こそが実践者への有効な伝達力をもつのであり、「授業研究は運動として発展していくことが期待されてよいし、また期待しなければならないのだと考える」と述べるのである。〔…中略…〕
> 1990年代後半には、教育工学的、教育心理学的な授業研究において質的研究方法が急速に普及して定着する。授業を対象とする科学的研究、実践についての科学は着実にその地歩を固めている。だが、これらの実践についての科学の成果を、どう実践につなぐのか。この問題は依然として課題として残されている。[4]

また、「規範的アプローチ」に関わって、佐藤学氏の授業研究批判とともに提起され普及した教師教育のモデルとしての「技術的熟達者」と「省察的実践家」との対置の枠組みと、「教え」から「学び」への転換とを問い直しながら、あらためて次のように吉本均が提起した「授業の構想力」を評価し、規範的な学問である「教授学」の成立可能性が言及されている。

> 1990年代の授業研究のパラダイム転換は、授業の構想に関わる論理、および授業の本質や哲学を説く理論的言説を構築する仕事を軽視する結果を生み出したのではないだろうか。これに対し、戦後授業研究が蓄積してきた「授業の構想力」に関わる理論的知見を継承しながら、1990年代以降に進展した「学習者」の主体性や共同性を中軸に据えた教育実践の事例分析の上に、その批判的・発展的再構築を計っていくことが、教育方法学研究の課題であろう。[5]

さて、「学習集団」との対比で「学びの共同体」が話題になることも多い。

本書に寄稿していただいた阿部昇氏が編集する『国語授業の改革14』(2014年)においても取り上げられ、「Ⅱ　国語科教育・最新の論争点の徹底検討」の＜「学びの共同体」をどう考えるか＞において、「学びの共同体」の実践記録において組織論的な指導の見通しが不明であることを、たとえば次のように述べている。

　　グループで学ぶことは教育方法として様々な利点がある。全体の場では発言しにくい子どももグループだと比較的発言しやすくなる。意見交流、意見交換、創造的対話、討論などにより、新しい見方や発見が生まれる。全体への発言も「グループの意見」として発言することで、ずっと発言しやすくなる。しかし、同時にメンバーによってはうまく話し合いが進まないということもある。意見の差違が感情的対立を生むこともある。グループという力によって個の意見が引っ込んでしまう危険もある。そういったさまざまな課題がグループにはある。
　　だからこそ、その課題を克服し、より質の高いグループでの学びが展開できるようにするための方法・方略が必要なのである。それを学習集団論では追求してきた。残念ながら「学びの共同体」論ではそれが見えない。[6]

ここで阿部昇氏が述べているグループの「利点」は、かねてより、われわれもまた参照することの多い「小集団効果」と呼ばれる調査研究に基づいていたであろう教育学的根拠である。しかし、この根拠は、小集団についての一定の普遍的な傾向を示す理論として語り継がれてきたものであるが、リアルな実践場面においては、「メンバーによってはうまく話し合いが進まないということに」直面し、どのように対応すべきかについての教則が求められる。この根拠（データ）と実践（指針）の乖離あるいは矛盾は、鳥光氏が指摘する理論（Theorie）と教則（Lehre）の対比の指摘と重なっている。実際、教員養成の場で「小集団効果」に言及しているテキストをもとに講義をしたら、学生から「この文書が依拠しているデータは古い。最近の学生に調査してみる必要がある。真逆の結果になるのではないか」といった趣旨のコメントを受け取ることになった。「子どももグループだと比較的話しやすくなる」というテーゼに対して違和感を覚える時代なのかもしれない。

ひるがえって現在われわれは「小集団効果」について、どのような実践記録や調査研究（Forschung）にもとづく記述やデータを有しているのだろうか。あるいは、どのように実践記録を記述し、どのような調査研究を行う必要があるのだろうか。今日のエビデンス志向の言説が求められるなかにあって、教育学的根拠となりうる新たな教育研究をデザインするところから、学習集団研究の現在を問い直したい。本書が、データ（Forschung）－理論（Theorie）－指針（Lehre）をつなぐ、教育実践に寄与する教育研究のモデル開発を模索する場所になることで、学習集団研究の現在（化）をすすめていきたい。

　末尾になりましたが、本書の刊行に際して、広島市という地方都市にあって人文系の学術書を中心に出版を続ける溪水社の木村逸司社長、そして表紙のデザインから校正にいたるまで細かな編集作業の中心を担っていただいた木村斉子さんに、心より感謝を申し上げます。おかげさまで広島発で学習集団を表題とする本書を刊行することができました。本書が広く読まれ、学習集団研究の継承と発展に寄与できるよう、第２巻に続けていきたく思います。

註
１）佐藤学『「学び」から逃走する子どもたち』岩波書店、2000年、61頁。
２）今泉博『崩壊クラスの再建』学陽書房、1998年、３頁。
３）安彦忠彦「カリキュラム研究と授業研究」日本教育方法学会編『日本の授業研究　下巻』学文社、2009年、16頁。
４）鳥光美緒子「規範的アプローチ」日本教育方法学会編『教育方法学研究ハンドブック』学文社、2014年、96頁～97頁。
５）石井英真「授業研究を問い直す―教授学的関心の再評価―」日本教育方法学会編『教育方法43　授業研究と校内研修』図書文化、2014年、46～47頁。
６）阿部昇「教科内容・教育方法からの『学びの共同体』についての批判的検討」「読み」の授業研究会編『国語授業の改革14』学文社、2014年、115～116頁。

（深澤　広明）

第1部
グローバル時代の教育改革で求められる学習集団による授業

第1章　コンピテンシーによる教育のスタンダード化の中の学習集団研究の課題（中野和光）
第2章　生成的学習集団への転換（子安　潤）
第3章　インクルーシブ授業としての学習集団
　　　　　　　　　　　　　　　　（湯浅恭正）
第4章　アクティブ・ラーニングと学習集団研究
　　　　　　　　　　　　　　　　（久田敏彦）

第1章
コンピテンシーによる教育のスタンダード化の中の学習集団研究の課題

1　コンピテンシーによる教育のスタンダード化

　グローバル時代の教育に起こっていることで特徴的なのは、国境を越えた教育改革の動きである。世界銀行、OECDといった国際機関のリーダーシップのもとに、コンピテンシーという概念を切り口として、国民国家の大学も含めた公教育全体に新自由主義的な教育改革が行われようとしている。その中心をなすOECDの教育政策の起点は、1996年の「知識に基づいた経済（The Knowledge Based Economy）」という報告書である[1]。この報告書によれば、知識経済においては、人的資本の開発が経済成長の鍵である。事実と理論について知ることはより重要ではなくなる。学習の重点は、knowing that からknowing how に移行する。政策は、測定によるパフォーマンスの比較に基づく調整が求められる。このような考え方をもとに、PISA調査が行われるようになった。同時に、「キーコンピテンシー（心理的社会的前提条件を用いて、特定の文脈で、成功的に複雑な要求に応える能力）」「21世紀型スキル」といった汎用的能力が知識経済に求められる能力であると主張されるようになった。

　コンピテンシーに基づくカリキュラムで目指されているのは、この汎用的能力である。この汎用的能力を獲得する学習過程は、「社会的構成主義」に基づいている。学習成果の確認は「エビデンスに基づく教育」という考え方において行われる。最初に、この「汎用的能力」「社会的構成主義」「エビデンスに基づく教育」を中心にしてコンピテンシーによる教育のスタンダード化について検討し、その上で、学習集団研究の課題について検討してみたい。

(1)　**汎用的能力の問題**
　キーコンピテンシー、21世紀型スキルといった汎用的能力が提案されてい

る背景について、フィーラハンら（Leesa Wheelahan and Garvin Moodie）は、それは、一つの職場のための訓練と多くの職場のための訓練の間の緊張、あるいは、直接の職場のための訓練と未来の職場のための訓練の間の緊張の一つの解決策である。彼女らによれば、この解決策は幻想である。なぜなら、コンピテンシーは文脈依存である。OECD自身が「問題解決はある労働環境、文化の中で起こり、決められた手続きに影響される」（OECD, 2010）と述べている。汎用的という表現は、職場における違いを隠し、結果として、直接の文脈に根ざしすぎて他の文脈に転移しないか、一般的過ぎてその職場にとって意味がないかとなる。さらに、汎用的なスキルは、特定の職業分野の領域固有の知識を軽視する傾向がある。領域固有の知識は、専門的コンピテンシーの基礎である[2]。

　獲得されたコンピテンシーが他の文脈に転移しない問題は、産業界も気が付いている。

　例えば、本間正人は、コンピテンシー概念の問題点として、次のことを挙げている。

① あらゆる職種で求められるコンピテンシーが変わった（急速に変わりつつある）ことにより、コンピテンシーディクショナリーやコンピテンシーモデルも迅速に継続的に変更していかなければならない
② コンピテンシーモデルを作った時と運用する時のタイムラグ
③ 人間の能力を数値化することの限界（情緒的な部分などの測定がうまくできていないなど）
④ 周囲との相性が考慮に入らないことの限界（個人主義モデルであることの限界）[3]

　コンピテンシーという概念に基づいてカリキュラム構成を行うことについて、ウエステラ（Win Westera）は要約して次のように述べている[4]。

　コンピテンシーは、複雑な状況で効果的なパフォーマンスをするときの効果的な要因となると考えられている。これは、前後関係にあるものをすべて因果関係でとらえる推論である。成功するパフォーマンスが観察されるとき、「コンピテンス」というラベルが貼られる。コンピテンシーを教育の目標として選ぶと、それはよく表現された行動によって記述されなければならない。しかし、このようなスタンダードは、独自で複雑な状況、うまく定義

できない問題にコンピテンシーは関連しているという考えと衝突する。
　ある独自な環境で、成功的なパフォーマンスが評価されても、その成功は、異なった複雑な状況における成功を保障しない。成功的なパフォーマンスには偶然の要素も入りうる。
　成功的なパフォーマンスは、「正しい選択」を含んでいる。このことが明確さ、客観性を侵すことを意味しない。しかし、それは、容易に、独断的な、時には、望ましくないスタンダードに転化する可能性がある。複雑な状況においては、ある視点からの成功は、他の視点からは失敗である。極端な例を挙げるとヒトラーの事例である。独自な複雑な状況は、スタンダード化された評価基準とうまく適合しない。
　コンピテンシーは、すべてあまりにも速く変わりやすい。「有能な」経営者、政治家、科学者は、たやすく非難の対象となる。政治家は、人気を求めて、短期の目標を追求する。短期の成功は、長期の失敗につながりやすい。コンピテンシーを評価する文脈も変わる。その人の能力（ability）は変わらないのに、コンピテンシーの評価は変わるということが起こりうる。
　人間のパフォーマンスは衰えやすい。新しい状況において「より有能でなくなる」かもしれないし、獲得したコンピテンシーが保持されていないかもしれないし、新しい状況への転移に問題があったりする。コンピテンシーの評価には時間の視点を必要とする。この点においても、アセスメントの確かなスタンダードはない。

　汎用的能力を教育のスタンダードとして設定することは、無理があることをこれらの論述は示している。

(2) 社会的構成主義

　OECDの「学習の本質」という文書（H. Dumond et al, 2010）によれば、今日、支配的な学習観は、社会的構成主義である。社会的構成主義によれば、学習は、状況に埋め込まれた文脈によって形成され、社会的交渉を通して、能動的に構成される[5]。状況に埋め込まれた文脈によって形成されるということから、現実的課題に基づく「真正の学習」が強調される。社会的交渉を通して学習が行われることから、学習は「協同」「協働」が強調される。能動的に構成されるということから、「アクティブ・ラーニング」が強調される。

コンピテンシーに基づく教育訓練が、社会的構成主義の論理を導入することについて、フィーラハンは、次のように説明している。
 構成主義もコンピテンシーに基づく訓練も、学習を文脈に埋め込まれていることと問題志向的性格を強調する。そうすることによって、職場の「真正な学習」を好み、理論的知識の複雑さと深さを犠牲にしている。コンピテンシーに基づく訓練は、なぜ、構成主義の学習理論を動員するのか。構成主義は知識の文脈固有の特徴を強調する。理論的学問的公的基礎的一般化しうる知識よりも、実践的総合的インフォーマルな応用的文脈的知識を優越させる。経験が知識の基礎であるとし、仕事で獲得される知識と教育で獲得される知識との違いを最小化させる。知識の創造、獲得と知識の応用を同じであると仮定する。これらのことによって、構成主義は、コンピテンシーに基づく教育を助けている[6]。
 フィーラハンは、このように、社会的構成主義の学習観が、コンピテンシーに基づく教育と結びつき、理論的学問的基礎的一般化しうる知識を軽視することを批判している。

(3) エビデンスに基づく教育

 OECDは、エビデンスに基づく教育研究を推奨している[7]。エビデンスに基づく教育については、ビースタ（Gert Biesta, 2007）による次のような批判が知られている[8]。
 教育はエビデンス（科学的証拠）に基づいて行われなければならないといわれる。例えば、米国のNCLB法では、無作為抽出法による研究が、教育研究の方法論として推奨されている。そこでは、「何が働いているか」ということを説明することが求められている。医学、農学、工学が歩んできた道を歩む時が来たといわれる。
 しかし、エビデンスに基づく教育は、技術的モデルに基づいている。教育的手段と技術についての問いに集中して、「効果的」なものは「何が望ましいか」ということについての問いに依存することを忘れている。実践的には、実践家の判断を限定している。
 エビデンスに基づく実践の中心的なのは「効果的な介入」という考えである。研究は、介入の効果についての証拠の研究である。「何が働いているか」を見出そうとする。無作為抽出の実験的研究が主である。エビデンスに基づ

く実践は専門職の行為の因果モデルに基づいている。専門職はある効果を生むために何かをする。「効果性（effectiveness）」は、道具的価値である。介入が何を引き起こすかについては何も語らない。

　エビデンスに基づく教育は、専門職の行為の目的と手段の分離に基づいている。専門職の行為の目的は与えられている。もっとも意味のある問いは、この目標を達成するために最も効果的効率的なやり方は何かである。この点で、エビデンスに基づく教育は、専門職の行為の技術的モデルである。

　教育実践をこのような技術的モデルでとらえることは、次のような問題がある。

　教育は象徴的に媒介された相互作用である。教育は教師と生徒の相互の解釈を通してのみ可能となる。生徒は、教えられたことを解釈し、意味付けようとする。教育は決してシステム理論の「押して引く」という関係ではない。介入の効果に関する知識は、教育的行為の決定に十分ではない。いつも、特定の行為は望ましいかどうかという問いが存在する。教育は、その核心部分において、技術的営みではない。道徳的実践である。

　ビースタのこの論述は、「エビデンスに基づく教育」は、コンピテンシーに基づく教育と結びつくとき、教育実践が所与のコンピテンシー目標を達成するための技術的実践となり、道徳的実践という教育の核心部分が見失われることを示している。

　コンピテンシーによる教育のスタンダード化の問題点を挙げてみよう。
　〇コンピテンシーに基づく教育は、人的資本論に起源を持ち、人間を資本主義経済における利潤を生みだすための道具とみなしている。一般教育は、歴史を生きる主体としての人間教育を目指すべきである。あらゆる職場に適用できる汎用的能力という考えは、フィーラハンが述べているように幻想である。
　〇（高等教育において）「学問的コンピテンス」という使われ方をする場合がある。バーネット（R. Barnett）は、それは、人間をパフォーマンスする機械のように見なしている、高等教育は、学生を生活世界を生きる人間とみなし、学生たちの人生のため、生成（becoming）のための教育でなければならない、と論じている[9]。
　〇特定の独断的コンピテンシーを国全体で目標とすれば、国全体が、同質

のコンピテンシーで育てられることになる。ある特定の文脈に適合したコンピテンシーは、他の文脈でうまく機能するとは限らない。予想し得ざる事態が生じたときに国全体、社会全体がうまく機能できなくなる可能性がある。アイスナー（E. W. Eisner）は、多様性、違いを認めることの重要性を指摘して、「真によい学校は、生徒のパフォーマンスの差異を増大させている」と述べている[10]。社会も国も、多様な資質・能力を持った人間によって構成された方がはるかに強靭である。

〇ウインステラが述べているように、コンピテンシーという概念は、容易に、恣意的、独断的スタンダードに転化する可能性がある。コンピテンシーという概念は、人間性にかかわる要素も含んでいる。人間性にかかわる要素を含んで独断的に設定されたコンピテンシーのスタンダードによって、子どもたちのパフォーマンスが評価されることは、国の教育評価が子どもたちの良心の領域を侵すことになる。

〇コンピテンシーという概念は、人間性といったものを含んでいるとしても、基本的には能力概念である。能力を教育の主要目的にすることは、子どもたちの序列化を招く。成績評価は、「有能でない（incompetent）」と判定された子どもを罰することにつながる。能力の高い人間が道徳的に立派とは限らない。人は、能力ではなく、行為によって尊敬される。これまでの教育が行ってきたように、道徳性の形成を教育の目的にした方が、どの子も元気になる。

〇コンピテンシーによる教育のスタンダード化は、「国際比較には便利だが、個性、個々人の才能の発掘と衝突し、生徒の可能性の限られた理解に導く」[11]。

2　学習集団研究の立場

では、学習集団研究は、教育、授業に対して、どのような立場に立っているのだろうか。

ここでは、吉本均『訓育的教授の理論』(1974) に基づいて検討してみたい。

吉本によれば、授業は、教授と学習、陶冶と訓育の接点において成立する。いかにして、すぐれた授業を生起させるかということが主要なことである。よい授業とは、科学的認識の系統的な形成を目的として、「全員の子どもに

わかる授業である」。そのためには、(1)よい教材であること、(2)集団思考を組織すること、(3)自主的学習規律を導くこと、が必要である。

　子どもの学習過程は、次のようにとらえられている。

　子どもの学習過程は、歴史的社会的に蓄積された経験を個体が獲得する過程として成立する。人間の学習は、「共同活動」をとおしての能動的な行為である。

　教師の指導性は次のようにとらえられている。

　授業は、教科外と違って、一定の文化価値＝教科の内容が存在している。授業は、その文化価値の「伝達」を媒介にして行われる。教科内容の伝達によって、何よりも、子どもたちのうちに思考と認識の「自己活動」を成立させるところに、授業の成立がある。子どもの思考を揺さぶっていく「方法」こそ、発問である[12]。

　吉本均編著『学習集団とは何か』(1976)の中では、問いかけることで教えるという行為は「指さす（Zeigen）」ことであると述べている[13]。

　吉本のこの「訓育的教授論」を、今日の視点から検討してみよう。

　授業は、必ず教科の授業である。教科の意味は何だろうか。アップルビー（A. Applebee）は、「学問の代表するものは、人類の知識と経験の顕著なる側面についての進行する会話の現在の状態である。」「カリキュラムの構成とは、会話のための文化的に意味のある領域の構成である。」と述べている[14]。教科とは、この、会話のための文化的に意味のある領域として構成されたものである。教科の学習を通して、学習者は知識や技能に基づく会話の中に入ることができる。教科の学習＝授業は、人類の達成した知識と技能にかかわる会話という肩車に乗せて、次の時代の後継者を育てる。若者は、人類の直面する課題を知って、自分のなすべきことを知る。

　人類の直面する課題をどのようにして知るか。スターレット（R. J. Starrett）は、知識と人間形成の関連について、次のように述べている。

　個人は、自然や社会から孤立した存在ではなく、自然や社会や文化とダイナミックな関係の中にある。知識は、これらの関係を意図的に開拓することから生じる。知ることは常に対話的である。知ることは責任へと導く[15]。

　メンク（P. Menck）は、授業が良心の形成にかかわるものであることを要約して、次のように説明している。

授業の中で、子どもたちが鶏を飼育する絵を描いた。一つのグループは、経済的に利潤を生む工場のような飼育舎を描いた。もう一つのグループは、放し飼いの飼育舎の絵を描いた。教師は、物語を語った。そして、二つの絵を比べた。世界で人間が行為をするやり方に準備するように授業を構成した。教師の物語が終わった。それは、教室の学習の出発点を定義した。子どもたちは、世界と自分たちの日常生活を「解釈」するという作業にかかった。この解釈の結果、得られた認識が子どもたちの（人間は自然とどのようにかかわるべきかという）良心を形成する[16]。

授業は、スターレットやメンクが述べているように、自然、社会、文化、の開拓を通して、子どもたちが、世界で行為するやり方に準備させるという責任を持っている。

授業は、よい教材に出会わせることで集団思考を誘発し、発問と自主的学習規律によって方向づけ（指さし）をし、子どもたちの思考と認識の「自己活動」を成立させることであると言う時、吉本が言いたかったことはこのことであると思われる。

3　学習集団研究の意義と課題

(1)　今日における学習集団研究の意義

ヤング（M. Young）は、すべての子どもたちに日常的経験を越えた学問的知識へのアクセスを保障することが、社会的公正のために必要であると主張している[17]。学問的知識へのアクセスを保障するためには、学問的知識をすべての子どもたちに指導する教授方法を必要とする。学習集団づくりは、教科内容（学問的知識）が全員の子どもにわかる授業を目指している。学習集団研究は、この意味で、すべての子どもたちが、学問的知識にアクセスして、世界を理解し、解釈し、協力し、公正な、持続する民主主義社会を形成する市民を育てる教授方法の研究である。今日の民主主義社会がもっとも必要とする教授方法の研究である。

今日のヤングの研究は、知識の社会学的分析ではなく、カリキュラムにおける学問的知識へのアクセスの保障という規範的研究である。吉本は、分析することではなく、すぐれた授業を生起させることが主要なことであると述べている。規範的研究を目指している点で、ヤングと吉本は共通の立場に立っ

ている。

(2) 学習集団研究の課題
a 大きな地図の下での規範的研究

　学習集団づくりが始まった頃は、研究は、教育方法学の分野を視野に入れておけばよかった。今日では、経済団体であるOECDが、PISA調査や教育政策の提言を行ったり、教育社会学者のヤングがカリキュラムの規範理論を提案したり、社会的構成主義にみられるように教育心理学が心理学的説明概念をもとに学習過程の管理を提案したり、教育の内的事項は研究の対象としなかった教育経営学がPDCAサイクルの概念のもとに教育の内的事項を研究の対象とするようになり、教育制度の比較を中心的に研究していた比較教育学がカリキュラムや授業方法の比較研究を行うようになった。授業研究も世界中で行われるようになった。コンピテンシーによる教育のスタンダード化に見られるように、国境を越えて類似の教育改革がおこなわれるようになった。コンピテンシーではなく、学問に基づくカリキュラム改革の動きも現れている。

　学習集団研究は、こうした動きを無視して行うことはできない。こうした大きな動きの地図をもとに、子どもたちと教師に希望と展望を与える規範的な理論と方法を提案することが課題である。

b 子どもたちの多様性、個性を認める教育評価

　コンピテンシーによる教育のスタンダード化に見られるように、今日の教育改革は、特定の視点から定義されたコンピテンシーのスタンダードに合致したパフォーマンスが評価される方向に動いている。しかし、アイスナーが指摘するように、このようなスタンダード化は、国際比較には便利だが、個性、個々人の才能の発掘と衝突し、生徒の可能性の限られた理解に導く。子どもたちの個性、可能性を見出し、それを励まし、育てるような教育評価が必要である。

　学習集団における教育評価は、全員発言の視点で見ることが多かった。もちろん、発言内容も検討した。吉本は、「集団思考においては、子どもに言語を教えるのではなく、子どもたちの語ること（sprechen）を教えるのである」「言語によって自己自身を形成する」と述べている[18]。授業における教科内容にかかわる発言は、教科内容の認識にかかわっている。大学の例であるが、

バーネットは、「(学生は) 知ることを通して、自分自身になる」と述べている[19]。

　アイスナーは、「見ることは読むことである」「聞くことも読むことである」と述べている[20]。読み書きをマスターし、学問的知識を獲得した生徒にとっては、見たこと聞いたことは言葉に置き換えられて、概念的図式の中に位置づけられるという意味であると思われる。

　マレー (D. M. Murray) は、書くことは自分を書くのである、読むことも自分を読むのである、と述べている[21]。これらのことは、子どもたちの自己形成にとって、読むこと、書くこと、聞くこと、見ること、話すこと、人前で話すこと、発表することの重要性を教えている。こうしたことを手掛かりにしながら、子どもたちの個性、才能、可能性を見出し、励まし、育てる教育評価を研究することが課題であると思われる。

引用文献
1) *The Knowledge Based Economy*, OECD, 1996.
2) Wheelahan, Leesa and Garvin Moodie, Rethinking *Skills in Vocational Education and Training- From Competencies to Capabilities-*, NSW Department of Education and Communities, November, 2011.
3) 飯吉弘子『戦後日本産業界の大学教育要求—経済団体の教育言説と現代の教養論—』東信堂　2008年　p.155.
4) Westera, Win, Competence in education: a confusion of tongue, *Journal of Curriculum Studies*, vol.33, no.1, 2001, pp.75-86.
5) Dumond, Hanna et al., *The Nature of Learning- Using Research to Inspire Practice-*, OECD, 2010.
6) Wheelahan, Leesa, The Problem with CBT (& why constructivism makes things worse), 2009.
7) OECD教育政策研究革新センター編著、岩崎久美子他訳『教育とエビデンス—研究と政策の協同に向けて—』明石書店　2010
8) Biesta, Gert, Why "What Works" wont work: Evidence-Based Practice and the Democratic Deficit in Educational Research, *Educational Theory*, vol.57, no.1, 2007, pp.1-21.　杉田浩崇「「エビデンスに基づく教育政策・実践」時代における教師の専門職性に関する一考察—ビースタの「学習化」に対する批判を中心に—」『愛媛大学教育学部紀要』(61) 2014年　pp.31-40.　日本教育学会「特集：教育研究にとってのエビデンス」『教育学研究』第82巻　第2号　2015年6月
9) Barnett, Ronald, *The Limits of Competence,* Open University Press, 1994, pp.157-186.
10) Eisner, Eliot W., What does it mean to say a school is doing well, in E. W. Eisner, *Reimaging Schools,* Routledge, 2005, p.191.

11) Eisner, Eliot W., Standards for American Education: help or hindrance, in Reimaging Schools, op. cited, pp.163-172.
12) 吉本均『訓育的教授の理論』明治図書　1974年
13) 吉本均「学習集団の指導」吉本均編著『学習集団とは何か』明治図書　1976年　p.50.
14) Applebee, A. W., *Curriculum as Conversation*, The University of Chicago Press, 1996, pp.48-49.
15) Starrett, R. J., The Moral Character of Academic Learning, in Hargreaves, A. et al ed., *Second International Handbook of Educational Change*, Springer, 2010, pp.631-647.
16) Menck, Peter, The formation of conscience: a lost topic of Didaktik, *Journal of Curriculum Studies*, vol.33, no.3, 2001, pp.261-275.
17) Young, Michael and David Lambert, *Knowledge and the Future School- Curriculum and Social Justice-*, Bloomsbury, 2014.
18) 吉本均『訓育的教授の理論』前掲書　p.115.
19) Barnett, Donald, Recapturing the Universal in the University, *Educational Philosophy and Theory*, vol.30, no.6, 2003, pp.785-797.
20) Eisner, E. W., *Reimaging Schools*, op. cited, p.189.
21) 中野和光「マレー Donald M. Murray の作文指導法」中国四国教育学会『教育学研究紀要（CD-ROM版）』第57巻　2011年　pp.167-172.

（中野　和光）

第2章
生成的学習集団への転換

はじめに

　子どもが教室を抜け出す。これを見つけた校長が追いかける。校長の優れた所は、子どもをつかまえて説教するだけのつまらない対応ではなく、それぞれの子どもの暮らしを掴み、子どもに一歩先の世界を課題化する働きかけを学校全体を視野に取り組もうとしていることにある。これは、ドキュメンタリー映画「みんなの学校」のワン・シーンである。

　さらに問題提起的な実践がある。授業というものの在り方、教師と子どもの関係を考えさせる取り組みである。それは、教室を抜け出すことを子どもの権利として認める塩崎義明の実践である。塩崎学級には、子どもの「教室での権利」の一つとして「むかついたり、どうでもよくなったりして、自分がおさえられなくなったら、教室を出て、クールダウン（気持ちをおちつかせにいくこと）をしてくることができます。」と教室に掲示され、抜け出しても事情を聞かれないことを権利として認めている。さらにグループから抜けていられる席・空間を用意している[1]。抜け出した子を放置するというわけではなく、居場所は把握している。しかし、教室にともかく連れ戻し、抜け出さないように取り組む実践とはその方向が異なる。こうした教育実践は、従来の学習集団の指導の問い直しを迫るものである。こうした実践的提起があることを背景に、学習集団の理論を前に進める議論をしてみたい。

1　注目される学習集団とその課題

　学習集団論は、社会的には大きな期待が寄せられる考え方・手法の一つとなっている。というのは、社会の期待する人間像が変化し、話し合い活動や共同的な活動を取り入れる学校・教師が増えているからである。

20世紀末は個別化・個性化教育の声が大きく、個人が他者の力を借りずに一人で遂行する孤立的強者の学習観が支配的であった。しかし、21世紀に入ると、事態は大きく方向転換する。日本も参加する国際プロジェクト「二一世紀型スキル」では、働く方法として「コミュニケーション」と「コラボレーション」の二つのスキルが重要とされている[2]。世界各国の能力モデルを参照して国立政策研究所が整理した「21世紀型能力」モデルの中でも、「思考力」を「一人ひとりが自ら学び判断し自分の考えを持って、他者と話し合い、考えを比較吟味して統合し、よりよい解や新しい知識を創り出し、さらに次の問いを見つける力」と位置づけている[3]。他者との共同や協働を中心に位置づけた能力モデルとなっている。そのために、学習集団の手法が再び注目されているのである。

期待される能力モデルのこうした変化を時間の順に並べると、次のようになる。

1）万能型成績優秀者を頂点とした一元的能力主義の教育期（高度成長期）
2）得意分野ごとの多元的能力主義の個別化・個性化教育期（バブルとその崩壊期）
3）産業主義的な目標管理された協働モデルの教育期（21世紀初頭期）

高度成長期は、高校や大学への入学が多数の人々の願いであったが、勝ち残るための個人主義的競争が奨励され、学習としては高得点をとるための暗記に価値がおかれた。それに続く時期は、画一化された教育批判の側面を持っていたが、能力主義の細分化と徹底が眼目であったために、学習としては強い個人の孤立的学習となった。これらの時期の学習集団論は、能力主義教育への対抗の意味を不十分ながら有していた。そして今は、協働の能力を競争的能力主義に含み込ませる形での学習活動が期待され、学習集団の手法を管理主義的に持ち込む実践も行なわれるようになっている。このように孤立的学習から協働的学習活動への転換が、様々な違いを含みつつ膨らんでいる。とりわけ話し合いや討論といった学習活動を授業に織り込むことへの期待が増大している状況がある。

しかし、これまでの能力モデルが正しかったわけでもないように、現在提出されている能力モデルも産業の必要に狭く限定されているばかりか、競争的能力主義の中に共同する力も含めて個人の能力として評価するという矛盾したものとなっている。これでは、学習集団の「みんなでわかり合う」とい

う初志の原則とそぐわない。わかり合うための共同は、知識を個人的にため込むためでもないし、将来産業で働くという目的に狭く限定されるべきものでもない。

したがって、たんに授業の指導技術として学習集団の指導を考えるのではなく、権利としての学習を追求する見地から共同や集団の指導をここでも捉え直す必要が生まれているのである。そこで、90年頃から問題となっている学習集団指導の二つの課題に関する試論を提出してみたい。

一つは、学習集団の指導が内在させていた指導の暗黙の強制性という課題である。これは、それまでの教育論の多くが抱えていた弱点だが、今、授業のスタンダード化の中で粗暴な形の教育の広がりがあることもこの課題を切実なものにしている。スタンダード化の動向に対して、学習集団を子どもの権利としての学びの側に取り戻すためにそれらとの違いを明確にしていく必要がある。そうして抱えていた弱点を越える学習集団論へと発展させたい。

二つは、学習集団という時の共同と集団像をめぐる問題である。生活の基礎単位としての学級集団と授業における集団の関係については古くから議論されてきたが、組織問題の主題化を避ける「学びの共同体論」の提起する問題を視野に、学習活動における機能としての共同活動について存在論的に検討してみたい。

2　授業における行動のスタンダード化の問題

今、全国に授業の型や授業の時の行動の仕方を統一していく授業のスタンダード化と呼ばれる動向がある[4]。授業のスタンダード化をすすめているのは、地方教育委員会や所管の教育センターであることが多い。地方教育委員会によるスタンダードは、2010年代に設定され始めるが、教育振興基本計画の策定が義務づけられたことと係わっている。授業のスタンダード化は、その内容においては日本の病理としての管理主義に似ているが、米国に倣って目標管理の手法を教育に持ち込んだ結果である。教育内容や学力水準の目標や基準を設定し、学力テスト等を実施することで到達度をチェックし、統制するようになった一環なのである。これは、目標管理の人事管理方式すなわちPDCAと言われるサイクルを教育の領域に当てはめたものである。プランを立てて実行し結果で評価し改善へというシステムを採用すると、目標の

妥当性や評価の公正性が問題となり、スタンダードを設定したくなるのである。モノの生産とは異なる教育であるにもかかわらず、「わかりやすい」数値目標や外見でわかる評価基準を押しつけてくることが多くなる。こうして目標と評価の単純化・画一化が蔓延することになる。

　多様で複雑で総合的な性格を持つ教育に単純化と画一化が適用されると、教育活動はうまくいかない。しかし、ポピュリズムの政治圧力があるために、その専門性を阻害し、教師の仕事の仕方を強く拘束する。全国学力テストの平均点を上げるために、目先の一時しのぎに過去問ドリルを行うといった対応が生まれるのはそのためである。

　学習集団論にとって特に問題となるのが、モデルであると同時に評価基準の位置も占める「授業スタンダード」である。授業のスタンダードにも、比較的大まかなタイプのものと、行動の仕方を細部まで規定したタイプとがある。問題となるのは、教育活動や授業展開の仕方を細部までスタンダードとして規定したものである。岡山県教委が作成した「岡山型学習指導のスタンダード」の場合で例示すると[5]、大まかに「自分で考え表現する時間を確保する」という程度の示し方の場合にはさして問題とならない。しかし、「授業を支える学習基盤」として、正しい姿勢の座り方、発表の仕方、話の聞き方が例示され、声の大きさや相手を見て話すこと、共感できたらうなずく、などと「例示」されていくと問題を生み出す。これらは「例示」なのだが、「教員によって指導が異なるのではなく、校内で統一した規律を全ての教員が、徹底することが大切です」と記してあることからわかるように、一例に過ぎないものが実際には画一的行動を強要する規準に変質する。

　細部まで表示した授業のスタンダードが、強い統制の下で機能すると、四つの問題が発生する。一つは、スタンダード以外を認めない標準の規準化が起こる。二つには、その結果として、内容・目的に関係なく授業パターンの画一化が生じる。三つには、教師と子どもの学習活動を強制・拘束することになり、学習者に応じた深い理解を保障することが困難となる。四つには、ICT用のコンテンツ利用とセットにされていることが多いために、教師による自主的な内容・教材研究を阻害することになる確率が高い。言葉はスタンダード＝標準だが、細部を決めたタイプの場合は絶対の規準にされる傾向があり、学校や教師の自律性・専門性を結果として奪うのである。「かすがいスタンダード」と呼ばれる事例の場合[6]、学習規律として、学習用具とその

整理、持ち物、机の横にかけるもの、休み時間の過ごし方、始業とあいさつの仕方、授業中の行動の仕方、終業のあいさつの仕方が決められ、行動の仕方を何年も遵守することになっている。春日井地域の各学校で同じ行動スタイル、授業パターンがICT機器の使用圧力とともに進められ、子どもごとに必要な対応や創造的な授業の構成が押さえ込まれる事態が生まれているという[7]。

　学習集団論は、そうした行動の仕方（学習スタイルと呼ぶ）について決まりであって規律ではないとしてきた。だが、各地で規律と呼ぶなど行動と内面の区分もせずに統制する事態が発生している。規律は、本来、自分自身の行動の自律的判断基準であって、決まりとして決まっているだけの場合や、他者から強制されて行動している場合は規律とは言わない。当然、授業の中での行動の仕方、話し合いの仕方の指導が何ほどか必要となる。国会でも一定のルールがあるように、意識するしないに係わらず行動の仕方・学習スタイルは必要となる。教育の場合、それ自身を授業の中で教えることが必要となる。問題は、その中身と指導の仕方である。だから、学習集団論とスタンダード化を一緒にされては困るのである。

3　学習スタイルに関する学習集団論

　画一的行動の統制を伴う授業スタンダードの中に、学習集団論の手法が持ち出されていることがあるが、実はそういう悪用を批判してきたのが学習集団論であった。スタンダードの中に行動の仕方として同一のものがあったとしても、その位置付けや意味を異にしていた。早くから提起されていたことを大西忠治と吉本均の文献で確認してみよう。

　1967年に執筆された大西の『学習集団の基礎理論』では、次のように記してある。

　「学習というものは、学習内容の定着とその能率の問題がどうしても重視されざるを得なくなってくると思います。教授というものに内在する指導と被指導の関係が強固にその集団的性格をも規定するものと思われます。だから、その集団的性格も、けっして固定せず組織形態も多様なものを含まざるを得ないと思います」[8]。このように教科ごとに組織形態も多様なものになると想定していた。さらに、大西は学習集団の指導においてリーダーの指導

を重視したが、画一的な行動スタイルを要求したのではなく、まず教師に要求することを教え、次に仲間の代弁することを教え、最後に仲間が自分で要求できるようにと指導の順序を考えていた[9]。すなわち、学習スタイルを固定してずっと遵守させるなどと考えたことなどなかった。むしろ学習スタイルとしては改廃し、発展させていくことを原則と考えていたのである。

　もう一方の学習集団論の理論的リーダーであった吉本均も、次のように述べていた。

　「学習規律の組織化は、基本的には、学級集団づくりに依拠しながら、子どもたちのなかに授業にとりくむ自主・共同の学習体制を導き出してくる過程に関する指導である。[10]」ここでも、自主・共同の体制を目指し、指導を過程として捉えていることが読みとれる。つまり固定的な学習スタイルの押しつけではなく、指導の筋道においてスタイルにあたる決まりを考えていたのである。吉本はまた、外的行動である学習スタイルと学習規律を厳しく峻別していたことも確認しておきたい。「規律といえば、外的な、形式的なものだとされる伝統的な考え方が根づよく存在している。中略。外的・形式的規律というのは、教育的には、無規律以外のものではない、といえるのである」[11]。このように、規律と決まりを同一視するなどという乱暴なことは考えてもいなかったのである。

　したがって、ベル着席や挙手の仕方など個別の学習スタイルや決まりが同一に見えることがあったとしても、それらは指導の過程で一時的に取り組まれる活動であって、何年間も同じことを要求し続けるなどという形式主義とは一線を画するものだったのである。

　多くの授業スタンダードが授業展開や子どもの学習スタイルを画一的に要求し続けることになっているが、それらは学習集団論と無縁であるばかりか、多様な学習活動にとっても子どもを学習主体とすることにとっても有害なのである。むしろ、教える内容や認識形成の局面によって変えていく視点を持つことこそ原則的な眼差しなのである。この点に限っていえば、大阪府教育センターのそれは、「きまり」をつくって徹底させればいいなどという議論ではダメだとしていることは知られてよいことである[12]。

　しかし、冒頭に触れたように学習集団論にも課題はあった。

4　学習する集団の指導像の転換－学習スタイル批判

　学習集団の理論と実践をつくり出してきたのは、全生研と吉本均のグループである。学習集団づくりは、およそ1950年代末から学級集団の指導と並んですすめられたが、二つは同時期に、一部は重なりながらいくらかの違いを含んで展開された。

　90年代になると、授業や学びにおける「共同」という言葉が使用されるようになる。さらに集団の組織的な指導を意識的に控える授業方式としての「学びの共同体」論が広がる。他方で、先に見たように能力像の変化や授業のスタンダード化の中で、学習集団の外形の一部を子どもの管理に悪用する実践が、一定の広がりをみせる。そこで管理主義的・形式主義的な学習集団ではなくて、学習権の保障を授業においてめざす学習集団論、ならびに聞き合う学びの共同体論の抱えている課題を明らかにし、学び合いを前に進める取り組みの今日的観点を提示したい。

　学習集団論が学びの集団に関する新たな構想となるためには、まず、これまでの教育論が抱えていた暗黙の強制性を変えていく必要がある。

　学習集団研究は、「できない子」の権利としての学習を保障する取り組みとしてはじまり、学習主体の形成に向けて授業づくりの一側面として実践的探求をすすめてきた。だが、この学習集団論と学びの共同体論を検討した久田敏彦は、新しい学習集団論を構想する上で重要な指摘を行っている。久田は、学習集団論の原点としての権利保障という観点の重要さを確認した上で、学習集団論には課題があると指摘する[13]。「組織論的であれ、関係論的であれ、身体論的であれ、いずれも最終的には同一性に収斂される方向をどう超えるかという課題である」。子どもたちが多様な矛盾を抱えていたとしても、それらがやがて解決統一されて、教師が想定していた枠組に納まると考えていたのではないかと指摘しているわけである。それでは「身体的な相互応答が、子どもの表情＝身体をみる教師の独我の世界に回収されかねない」。だから「その教えの有り様を学びの地平からさらに問い返す」ことが必要だとする。従来の教師の指導性の在り方を子どもの視点から再考することを促している。

　すなわち、学習集団論は子どもたちの間にある違いや複数性に着目してき

たが、最終的に集団内にある関係性の矛盾や認識の違いが一つに統一されると想定しているために、教師の想定した認識や一つの学習スタイルへと収斂させることになり、教師の枠組を反省的・批判的に捉え返すことが十分でなかったと批判しているわけである。そうなるのは、「授業は教師の指導性が優先する」という把握があり、建前としては指導が子どもに乗り越えられてはならないと考えられていたからである。乗り越えることはあっても、そういう形をとることに留まって捉えられていた。

暗黙の強制性もしくは支配的な学校文化の見地では、教室を抜け出すことを権利として認める塩崎の実践を評価することができない。しかし、学習者の側に立てば、いつでも授業ごとに学ぶ対象を切り替え、何が起ころうと席について指示された活動を諾々と行っている方が奇跡である。個人を押さえて教師や集団ばかりをいつも優先できるはずがない。

むしろ、教師や集団をいつも優先するのではなくて、教室空間の方をどの子も居られる空間にする責任があるのは教師の側ととらえる必要がある。憲法的教育権規定の側から考えればそうなる。その権利の承認を公的に打ち出しているのが塩崎実践と見ることができる。この提起の意義は大きい。だがそうだとしても、子どもが教室で何をしてもよいことにはならないから、個人としても集団としても居られる互いの権利を尊重する行動の仕方を授業において学ぶ実践として構想されているのではないか。そう考えると、時に学習者個人を優先した行き方・行使の仕方を学ぶ取り組みと位置づけることもできる。そうした観点から学習集団、学習スタイルの研究をしていく課題が見えてくる。

これまでにも学習スタイルの中身が本当に子どもたちに必要かを問うことが提起されたことはあるが[14]、不徹底だったと考えられる。「批判的な学び方学習」(竹内常一)には批判性と言えるものがあったが[15]、主として子どもの生活の捉え直しや教える内容の捉え直しの側面を問題化するものと受け取られていった。これを学級での学び方そのものを捉え返す形に広げる必要がある。

5　学習する集団の指導像の転換 – 学びの生成性

佐藤学らの「学びの共同体」論も可能性と課題を抱えている。協同学習の

1つである「学びの共同体」論は、聞き合うことを原則とするために、教師の枠組の支配から自由となる可能性を持っている。聞く対象である子どもは、教師の外側の世界を持っているからである。その意味で、教師の枠組という制約を超える可能性を持つ理論である。
　だが、「学びの共同体」も組織は作られるのだが、共同体の決定を誰がどのように行うのかといった決定の主体がはっきりしない。実践上は、教師がそのつど指示を出していることが多い。したがって、組織編成と一部の行動の仕方においては、学習集団実践よりも教師の枠組に規定されている。また、聞き合った内容の真理性がどこで担保されていくのか枠組として鮮明でないために、教師の教科内容的な指導が曖昧となることがある[16]。そのために子どもの獲得する内容の水準に対する疑義が提出されることがあった。この点では、学習集団論も教科内容・教材に関しては教科教育研究の成果に依存している場合があり、内容研究が十分でない場合には子どもの習得内容が表層に留まることがある。したがって、内容研究へのまなざしと共に「学びの共同体」であれ学習集団実践であれ取り組むことが欠かせない。
　ただ、ここでも教科内容研究は教科教育の成果に依拠し、授業運営は例えば学習集団研究という分担論では十分ではない。経験主義教育批判を通過した後の教育論は科学主義の傾きをもってきた。そこには、科学への無批判な信頼を土台に、教科内容研究とその到達点へと誘導することを指導性と考える見方がある。ここを捉え直し、科学や文化を未完で生成過程にあるものとみなし、子どもたちと事実を批判的・生成的に確かめる授業をつくる方向へと切り替えていく必要がある。学習集団の実践に即して言えば、予定した解へと導く討論や討論による論証ではなく、討論を重要な一部として含みつつ、学ぶ活動に事実の確証の過程を位置づけた構成が重要となる。こうして教師の教えの絶対化を避け、教えだけあるいは学びだけの理論枠組を否定し、科学や文化の成果を学びとして生成的に取り入れる見地にたって授業を構想していく道が開ける。
　ここで「生成的に」という意味は二重の意味を持っている。一つは、子どもの今の見方・認識から出発するということであり、もう一つは科学・文化の作法に則りつつ作法を体験するようにという意味である。

6　学習する集団の指導像の転換－組織の存在時間

　もう一つは、授業における組織の問題がある。
　学習集団の組織は、学級集団の問題別集団の一つという位置を持ってきた。だから、学級に組織される班を基礎とすることが多く、小学校では班と重なって授業における学習集団とすることが多い。教科の必要や班の人数を多くする方針の学級の場合や中学高校の場合は、班を二つに分けたり、班と関係なく学習班・グループを組織したりするのが一般的編成方針となっている。さしあたりここで見直すべきは、それぞれの学習集団・学習班がいつその姿を現すのかという点である。
　従来は、班に基礎をおくことが多い場合には、授業の時間中ずっと存在しているという把握が、学習集団の指導に取り組む教師には多かったのではないか。しかし、これは、見直しが必要であろう。従来は、授業のすべての時間に恒常的に一定の学習集団が存在するものと捉えて、学習リーダーとメンバーの指導を行ってきた。
　しかし、授業における学習集団の組織としては、その主要な形態である学習班・学習グループについては、恒常的に存在するととらえるのではなく、グループの形態での学習活動の時間だけ存在すると捉えて指導する方がいいのではないか。
　というのは、いつでも学習リーダーがリーダーの役割を果たすことは、今の子どもたちにはむつかしいのではないか。教師の下請け活動をしている感覚を生みやすく、学校教師もスタンダード化が進んでいる中で、学習リーダーを学習の決まりを守らせる手段に利用する実践を誘発しやすい。それらとの違いを鮮明にする上でも、限定的に集団活動を捉えておくことが有意義ではないか。
　したがって、リーダーとして多岐にわたる仕事を一人に課すのではなく、司会進行役、発表役などと役割として必要なときだけに構成員が分担しあって担うようにするのである。一時的に機能する性格のものへと方向を転じることになる。学習班の班長と班員が常時いるというのではなく、それぞれの活動における個人や協働の学習活動に沿いながら組織的・共同的活動も行うのである。学習班は教師がその時々で選任し直すこともあるだろうし、子ど

もたちが相談して決定することもあり得る。また、班とは関係なく組織されることもあるものと捉えるわけである。従来、教科ごとの学習リーダーという分化が高学年からの実践に見られたが、これも授業時間ごとに司会役や発表役として限定的に組織・決定するということである。こうした実践方向を常在しない学習集団の指導として提起してみたい。すでにこうした実践が小学校でも高校でも始まっている[17]。

　こうした役割の分化を、いつからどのようにはじめていくのかは今後の実践的研究課題と考えられるが、学習集団の起源には機能集団という視点があったとはいえ1980年代までの学習集団の指導のイメージは変わることになろう。この提起の裏には、単一の理想的集団を描くのではなく、目的と組織構成員の状況に応じて組み換えることこそ必要という理論問題がある。それについては別途論及したい。

　これからの学習集団の指導は、教科内容の生成的活動と対話・討論の結合を授業の前提とし、それぞれの活動の必要から子どもたちの役割・機能を提案しながら進める集団の指導を基本とすることとなる。

註

1) 塩崎義明の2015年度の実践。2015年12月4日の学級訪問の記録資料による。
2) P. グリフィン、B. マクゴー、E. ケア編『21世紀型スキル』北大路書房2014年、参照。
3) 国立教育政策研究所・平成24年度プロジェクト研究調査研究報告書『社会の変化に対応する資質や能力を育成する教育課程編成の基本原理』国立教育政策研究所2013年、27頁。
4) 子安潤「授業のスタンダード化に向き合う」『教育』No.843、かもがわ出版、参照。
5) http://www.pref.okayama.jp/uploaded/life/390127_2271835_misc.pdf
6) 春日井市教育委員会・春日井市立出川小学校著『春日井市・出川小学校の取り組み　学習規律の徹底とICTの有効活用』教育同人社2015年、参照。
7) 山口左知男「学校現場に広がる『スタンダード化』の問題点と子どもたち」『あいちの子育てと教育と文化』あいち県民教育研究所・年報第24号2016年、参照。同様の事態が各地で発生していることは『教育』No.845でも報告されている。
8) 大西忠治『学習集団の基礎理論』明治図書1974年、123頁。
9) 同前書、178頁。
10) 吉本均『訓育的教授の理論』明治図書1974年、95頁。
11) 同前書、100頁。
12) http://www.osaka-c.ed.jp/kate/gakusui/gakusui-folder/osakanojugyoustandard.pdf
13) 久田敏彦「学習集団論からみた『学びの共同体』論の課題」日本教育方法学会編『教育方法43授業研究と校内研修』図書文化2014年、69～70頁。

14）愛生研学習集団研究部会編『学習集団の指導技術』明治図書1991年参照。
15）竹内常一『学校の条件』青木書店1994年、参照。
16）子安潤『リスク社会の授業づくり』白澤社2013年、126頁。
17）高校では関西高生研の札埜和男実践。小学校では佐賀の中野譲の近年の実践にその現実を見ることができる。中野実践は、子安潤・坂田和子編『学びに取り組む教師』高文研2016年所収。

（子安　潤）

第3章
インクルーシブ授業としての学習集団

　サラマンカ宣言（1994年）から2006年の障害者権利条約を経て、インクルーシブ教育の流れは世界的な動向になっている。この教育の流れは、共生社会（ソーシャルインクルージョン）の実現を目指す理念に支えられている。中央教育審議会の答申（2012年）でも、共生社会を軸にした教育の方向が示される等、インクルーシブ教育は、今日のわが国の教育政策の軸の一つになっている。戦後の日本の授業研究運動において学習集団論が果たしてきた意義は、多様な生活を背景にして学校に集うどの子も排除せず、ともに暮らす学習の場を形成することにあった。その意味では、学習集団の授業づくりは、早くから共生論を軸にしたインクルーシブ教育の理念を追い求めてきた運動だったと言える。

　この章では、今日のインクルーシブ教育（授業）の動向を指摘しながら、学習集団論と呼ばれる授業づくりの理念と方法をインクルーシブ教育の視点から再検討し、これからの学習集団論の行方をいくつか考察する。

1　インクルーシブ教育と学習集団論

(1)　すべての子どもに開かれた場としての学習集団

　共生社会論の軸は、非排除・非差別・平等、貧困・格差の是正をめざす地域づくりの実現を目指するところにある[1]。学習集団論は、地域共同体（コミュニティ）がまだ今日ほど崩れていない時代にあっても、すべての子どもを包摂する授業づくりを課題にしてきた。しかし、かつてとは比較にならないほど格差・階層差が広がり、そう容易には包摂できない生活世界にいる子どもたちで構成されている今日の学級授業がインクルーシブな場になるためには困難さを伴っている。

　今、ユニバーサルデザインの学級授業論が、盛んに提起されている。学習

に困難さのある子どもへの支援方法は、どの子にも有益な方法だという考え方である。そこには、困難さのある子どもを同等に位置づけて、学級に包摂しようという願いが込められている。

ユニバーサルな世界は、そもそもユニ＝同じ方向を向くという意味であり、一見すると排除とは反対の意味で解釈できる。しかし、現実には、「みんな同じ」と称しつつその裏で排除が進行している学級は少なくない。学習集団論が目指すインクルーシブな授業は、包摂＝同じ方向に同化する＝というのではなく、トランスベルサルな世界[2]と言われるような「異質・共同」の世界を問いかけるものでなくてはならない。この問いかけは、包み込むのではなく、「開かれた」とでもいえる世界を構築することに向かうものである。

(2) **子どもとともにつくるインクルーシブ授業＝学習における自治の世界**

学校の授業は、実に多くの条件によって進む。子どもは話を聞く、自分で作業する、発言するなど多様な学びの方法を駆使しなくてはならない。発達障害のある子どもを含めて学習に困難さのある子どもは、じっくりと一つひとつの学習方法を身につけなくてはならない。ごく「普通」の子なら「あたりまえ」に理解し、身につけることのできる学習方法も、丁寧に指導しなくてはならない。

ユニバーサルデザインの授業づくり論は、こうした特別な指導が実はどの子の学習方法にとっても有効であるとの立場から注目されてきた。しかし、この指導が子どもたちにはどう受け止められるのだろうか。いくら有効であるとはいっても、やはり、「あたりまえ」に学習できる自分とは違う存在とみなす子どもがいることは容易に想像できよう。

筆者は10年前になるが、学習集団の指導で大切にされた「全員参加の授業」の考え方について、「全員」という束の中で、生活する子ども一人ひとりの固有の存在をどうみつめるか、その必要性に言及したことがある[3]。それは、ともすれば、全員参加という名の下に授業が学習の場に同化する危惧を持ったからである。参加しづらい子どもの思いや願いがどう聞きとられ、子どもとともに参加の仕方を問い直し、参加の方法をつくり出すことの必要性を指摘したものであった。

特別なニーズのある子どもの声と、「あたりまえ」に学習できる子どもの声がどう交わり、自分たちにとって必要な学習の方法を合意し、納得してい

くのか、そのプロセスが問われなくてはならない。

　このプロセスを考える視点は、発達障害などの特別なニーズのある子どもの目線に立つことである。授業中に見せる逸脱的な行動＝わがままな行動は、こうした子どもたちが自分の存在を承認してほしいという願いの表出である。なぜこうした行動に走るのかが自分でも明確に理解できないまま過ごす生活から、次第に自己を意識し、授業の中で「自分の軸」を立てていくプロセスが問われている。この点では、発達障害の当事者の声（多様な支援を通してしだいに自分の存在＝自己の軸を発見することが、自立に向うポイントであるとの指摘[4]）に注目したい。

　では、具体的な指導のポイントは何か。第一に、学習集団の授業づくりは班を媒介に子どもの学習参加論を探究してきたが、特別なニーズのある子どもが自分の軸を立てるために他者との関係を生み出す班の役割が問われよう。第二には特別なニーズのある子の願いに共感する子どもをどう育てていくかである。それは学級集団の指導においてリーダーの指導として議論されてきた。今日においても「他者を『もの』と見なしてしまう疎外・自己疎外からの解放を求めて、他者の生き方に共感的に関与し、他者とともに集団や世界の在り方を民主的なものに変えたいとするもの」[5]を育てるリーダー指導の視点が提起されている。この視点を学習集団におけるリーダー指導として再評価することを課題にしたい。

　さらに学級集団の指導で問われてきた「討議づくり」についても、「討議は集団の中にある『差異と複数性』を掘り起こし、かれらの共通する『要求』を組織するものとなると同時に、それらを社会的な『必要（ニーズ）』へと変換し、公的に承認するもの」[6]と提起されている。学習のルールをめぐって、特別なニーズのある子どもの願いが、単に個人的なものではなく、学級という社会にとっても必要＝ニーズにどう変換されるのか、その討議のプロセスに注目しなくてはならない。

　以上、子どもとともにつくり出すインクルーシブ授業の指導に求められるのは、「班づくり」「リーダーづくり」「討議づくり」という自治的な側面の指導を授業過程に正当に位置づけることである。もちろん、班づくりといっても、かつての学習集団論が、ともすれば、どの子も参加できる強力な絆をつくる学習規律の形成に重点があった。こうした指導論では、特別なニーズのある子が自分の軸をじっくりと立てていくことはできない。生活綴方教育

の思想がそうであるように、じっくりと互いの生活を見つめ、自然に他者との交わりが形成され、自己を発見していく丁寧な指導が問われている。リーダーづくりや討議づくりについても、学習のルールをめぐってのそれだけに個々の授業の場面というよりも、教師が中長期的に子どもの中に入り、他者に共感などできない生き方を問い直す場をどうつくるか、その指導の見通しが不可欠だ。ここでも生活綴方教育の指導がそうであるように、丁寧にリーダーとして立ち現れる息の長い対話的取り組みが土台になくてはならない。討議づくりについても、「特別なルール」とは誰のためのそれかが議論されてきたが、この論点を今日に引き取り、特別＝差異と複数性を浮き彫りにしつつ、学習集団に必要なルールにまで変換する討議の過程をつくることが求められている。

　学習集団論は「授業における自治的集団の指導」を提起したことで知られている。学習への参加を軸にした集団づくりの指導技術を開発してきたが、今日、特別なニーズのある子どもの学習参加を検討しようとするとき、改めて「班」「リーダー」「討議」という指導の側面から学習を「どの子にも開かれたという意味での公共的な場＝インクルーシブな場」にする指導論を提起することが課題である。今日の子どもの生活世界（価値・感情）を踏まえながら、授業における自治的集団とは何かを再検討する時期にきている。それは次に述べるように、学びの当事者を育てるという今日的な授業論の視点を大切にするからこそ、その土台としての学習集団の質を改めて問おうとするからである。

2　学びの当事者を育てる学習集団論

(1)　「特別な支援」を当事者の視点で捉える

　「どの子もわかる」授業過程を探究してきた学習集団論では、「頂点（できる子）」と「底辺（できない子）」がともに学ぶ場をつくり、双方が入れ替わることさえある授業づくりの魅力が指摘されてきた。
　インクルーシブ授業はこの軸を前提にしつつ、障害等に起因する困難さに対する特別な支援＝補償の過程を無視することはできない。教科指導においてこの補償を重視した授業過程がインクルーシブ授業の軸として提起されている。例えば、国語科では、読みに困難さを持つ子どもに対して「シンキン

グ・ツール」(読むことが困難な生徒に焦点化・集約化・構造化・精緻化などの過程を支援するためのイメージマップの活用)の有効性が指摘されている[7]。また、説明文の論理を理解して読むための視覚的な支援の活用や物語の構造を読むためのワークシートの活用といった提起もされている[8]。いずれも、教科の学習に困難さのある子どもの学びの過程を補償し、教科学習を成立させるツールを開発しようとするものであり、インクルーシブ授業論の軸の一つである。そこには、「補償の過程で他者とは異なる方法がその個人にとって有効な問題解決の手段として利用され、さまざまな発達の道筋が生み出されること」[9]という障害学の知見が土台にある。

ここでの課題は、こうした特別な支援=補償の過程における当事者の意識である。明らかに他者とは異なる学習の方法を用いるのであり、それを活用する過程での劣等意識など、当事者の意識の有り様が問われる。先に挙げた事例ではシンキング・ツールを活用した生徒が「学ぶ意味と価値を実感した」と評価されているが、そこには困難さを抱えつつ読みの当事者になりゆく過程があったはずである。教師からのどのような働きかけを通して補償のツールを引き受けようとしたのか、また特別な支援の方法によって学ぶ子どもの存在を学習集団はどう承認していったのかなどの指導過程を掘り下げていくことが求められる。

(2) 授業観・学習観を変えるインクルーシブ授業

発達障害などの特性に対応した特別な支援の付加を際立たせているのが、今日のインクルーシブ授業である。その際立たせ方が(1)で指摘したように当事者に対してどのような授業への意識・学習への意識をもたらすかが問われている。授業において差異を際立たせる過程で生ずる子どもの意識を左右するのが学びの場に集う集団=共同の在り方である。

学習集団論では、先に指摘したような「できない子」と「できる子」が交わり、そこでは「できない」と思われた子の発言が、「できる子」の考えをゆさぶり、ともにわかり合う学習の成立が可能になるとの立場から授業が探究されてきた。それも今指摘した、差異を際立たせつつ、そこにともに学ぶ共同の世界をつくろうとする試みであった。

障害学からも、補償を通して「その問題解決の方法が他児にも影響を与え集団の中に変化が生じ、結果的に、一方的な関係ではなくお互いに影響を及

ほし合う互恵的な関係が生ずる」[10]と指摘されている。

　しかし、「補償」の用語のように、そこには学習のスタンダードな方法に近づくというイメージが強い。そうではなく、補償の方法が自分たちの学習過程にとって有効だと考える世界をどうつくるのか、ある意味では「回り道」とでもいえるような特別なニーズのある子どものために必要な方法が、「互いに影響を及ぼし合い、互恵的な関係」になる学習集団をどう形成していくのか、その視点を問うことが必要になる。

　そのポイントは何か。それは、これまで授業論が大切にしてきた「学びと生活との結合」の視点だと考える。この視点は、例えば小学校の算数で意味理解の「習熟」は生活と結んで「つかいこなす」ものだとして、「かける」の意味を生活の中の言葉「ふとんをかける」などにイメージを膨らませて学ぶ過程の提起に示されている[11]。そこには、子どもの生活と結合しつつ、単に認知の側面にではなく、学びを子どもの内面の思い方・感じ方の側面から成立させようとする意図がある。国語のかな文字にしても「自分の生活や思いを友達に伝え、知らなかった新しい世界に触れることができる文字を使いこなす大切な学習」だからこそ、文字学習に困難さを持つ子どもとともに学ぶ共同の場をつくり出すことができる。

　(1)で指摘した障害特性に即した支援も、認知の側面だけではなく、例えばシンキング・ツールの活用が、国語の世界の学びに対して自分の思いを乗せて挑むことのできる学びに結びついているからこそ、学びの価値と意味を実感することができるのだと考える。この実感を生み出すのは、こうした学びの意味と価値を共有しようとする他者との共同がなくてはならない。認知特性に対応するだけではなく、子どもの生活との結合という視点が欠けるとすれば、「互恵的な関係」に立つ共同の学びの世界をつくり出すことはできない。

　スタンダードな学力の形成が支配的な今日、「授業と生活との結合」という原則を改めて提起するとき、多数の子どもにそれがどう届くのか、効率よく学力の成果を弾き出そうとしている子どもとの共同の世界がどう築かれていくのか、子どもたち自身の学習観や授業観の変革までを視野に入れたインクルーシブ授業を展望することが問われている。

　もちろん、「互恵的な関係」に立つ授業観は、表面的に互いの存在を承認することではない。かつて授業研究の歴史で「つまずき」を活かす授業が主張されたが、ともすれば「できない子」の「つまずき」に教師が同調する姿

勢が、「できる子」にとっては、「あの子はできないので教師に支えられているのだ」という思いを持たせることになる。そこには、「つまずき」が認知的な遅れとしてしか理解できない学習観・授業観に囚われている「できる子」の課題が示されている。「つまずき・遅れ」が学習を展開するための重要な契機だという授業観の形成が問われる。それは、授業という営みを自分たちの生活の大切な仕事だとする価値観を形成していくことでもある。

「つまずき・遅れ」とは反対に、課題を抱える子どもの「得意」な側面を教師が授業の中で肯定的に評価する場面においても、認知的に優れていると評価するのではなく、課題は多く持ちつつ、精一杯学習に取り組もうとしている仲間としての存在を理解し、承認することを大切にしているからである。

このように、特別なニーズのある子との「互恵的関係」を結ぶポイントに「授業と生活の結合」の意義を改めて確かめてみたい。「生活との結合」とは、自分とは異なる学びの生活にいる他者の存在を対等な仲間として承認することである。多様な生活背景と、障害等の原因から子どもたちの差異は平均化して埋めることはできない。埋めることのできない世界にいる他者も、自分と同じ自立の課題に直面しているのだという対等な存在にまで理解を深めていくプロセス、そこにインクルーシブ授業を問う意味がある。

(3) 子ども集団に必要な学びをつくるインクルーシブ授業

学習集団の授業づくりは、教師の手のうちにある授業を子どもたちのもの＝子ども集団に必要な学びに転換することを目指してきた。インクルーシブ授業が、これまで述べてきたように子どもたちの授業観と学習観の変革を基本的な課題に置くのだとすれば、それは子どもたち自らが自分達の集団に必要な学びをつくり出す学習集団の思想を今日的に発展させることだといえる。

しかし、今はかつての子ども集団とは異なり、共同体が容易には形成されず、親密的な空間としての子ども集団ができにくい。それでも例えば、算数の計算の苦手な子どもとともに「足し算やっつけ大作戦」と称して学習に取り組んだ事例[12]のように、親密な仲間関係を土台にして自分達に必要な学びの子ども集団を形成していくことが求められている。インクルーシブ授業の基盤には、こうした学びのコミュニティづくりが不可欠になる。この実践では学校の池の掃除に共同で取り組む活動が子ども相互の親密な関係をつく

り出している。学習集団の基盤づくりとしての学級での共同活動の意義を改めて確かめておきたい。

　同時に学びがいのあるテーマを持った学習をどう構想するかが、子ども集団にとって必要な学びをつくるためのポイントになる。その鍵の一つは、先に指摘したように、基礎・基本の学習であっても、それを生活と結びつけていくことであり、さらに必要なのはその発想を生かして、教科学習の学びを教科外活動と結びつけていくことである。よく知られているように、発達障害のある子の得意な力が教科外活動で発揮されることによって、その子の居場所が学級につくられていく。

　さらに、総合的な学習において、自分たちの生活世界を問い直し、つくり変えていく学びの展開も今日の課題である。この点では、例えば、自分の感情のいらだちを激しく物にぶつける発達障害の子を含む学級で、既成の物を壊したがるならば、対極の創造的な世界を探究させるという考えで畑づくりに取り組んだ実践は、こうした活動が相互の対話を生み出し、自分と他者をみつめる力の育ちを引き出している[13]。

　こうした授業実践の構想は、単に学習に困難さのある子どもに必要というよりも、全ての子どもにとっても、自己の、そして自分たちの学習の目的を振り返る大切な契機になる。学習集団論の用語に従えば「底辺の子」も「頂点の子」にとっても何のために学ぶのかを意識化することが問われるからである。この問いかけは、インクルーシブ授業の論理的な枠組みを再考することでもある。

3　インクルーシブ授業を支えるカリキュラムと教師

(1)　カリキュラムづくりへの参加

　学習集団論は、授業観・学習観の変革を見通す論理に立つ。そうだとすればインクルーシブ授業として学習集団を位置づけようとするとき、カリキュラムづくりにまで目を向けなくてはならない。カリキュラムは、子どもたちにとっては学んだ過程の結果を示すものである。それだけに学習集団論は、グループや話し合いの形態の次元で収まる性質のものではなく、子どもたちが自己の学びのプロセスと成果をどう意識化するのか、特に支援の必要な子どもに対してカリキュラムを意識させる視点が必要になる。

カリキュラムを学習内容の側面から見ると、個別の教科の学習内容がどう繋がっているのか、学習に困難さのある子とともに省察することが必要になる。実際、困難な課題のある子どもに取り組んでいる教師は、常に学びの順序性を問い直し、子どもに働きかけてはそれを検討している。

　カリキュラムを学びの空間の側面から見れば、差異のある子どもたちにとって必要な学習集団の在り方を、これも子どもとともに省察することが求められる。むろん、「授業／カリキュラムは、学年のスタンダードに従わなくてはならない側面を強く持つ」[14]のだが、子どもの学習保障の立場からは、支援学級や通級教室、そして地域のフリースクール等の多元的な学びの空間を創造することが問われる。インクルーシブ授業は、学習集団論が拠り所にしてきた学級教授組織論を軸にはするが、差異に対応した多元的な学習集団を構想しなくてはならない。将来的には「異学年による学習集団論」への展望も指摘されている[15]。

　こうした多元的な学習集団論の展開で問われるのは、学びの内容である。中学校の支援学級の指導に取り組んだ実践では、自主編成の教科学習を構想し、読み書きの基礎・基本を丁寧に指導している[16]。そこでは、「思いを話し言葉に、対話を書き言葉に」する国語科の指導が支援学級の中学生の自立に向き合う力を育てている。同時に、障害のある生徒の自己理解・自分探しを支える学習を通して、誇らしい自分の形成につながる学びの内容が重視されている。それは、特別なニーズのある子を標準的な学力にまで引き上げることを第一義的にするのがインクルーシブ授業だとする理解を越えようとするものである。支援学級のみならず、通級教室での学びにおいても、早く通常学級の子どもの基礎・基本の力にまで取り戻すという視点に陥り易い。小学校段階の通級指導において、いかに肯定的な自己理解を育てることを視野に入れた授業を構想するかが問われている。

　多元的な学習の構想がインクルーシブ授業の一環だとすれば、差異に応じた特別な場での指導が排除の世界ではなく、通常の子どもたちに開かれた学びの場になるかも課題である。交流・共同学習の場づくりが盛んにされているが、その場づくりが子どもたちにとっては自分たちに必要なカリキュラムづくりである。多元的な学びの場を大切にするからこそ、その価値を常に意識化することが、発達障害のある子どもたちばかりか、多くの子どもたちにとっても必要である。特別な支援の必要な子どもではなくとも、常に同一の

内容をという発想を超えて、自己の自立に必要な内容への要求をもっていると考えるからである。インクルーシブ授業は、こうして子ども一人ひとりが自己の自立を意識し、それに見合う学びへの願いが大切にされる場をつくることに意義がある。

(2) インクルーシブ授業を担う教師の育ち

　学習集団論を軸にした授業づくりの今日的な発展を展望するために、最後に授業づくりを担う教師の育ちに触れておきたい。

　第一に子ども集団を形成し、本稿で指摘した発達障害のある子どもが自分の軸を立てていく過程を指導するための教師の力に注目したい。学級集団づくりが大切にしてきた三つの側面や生活綴方教育という我が国の生活指導論に立ち帰ることによって、インクルーシブな授業＝学習集団論の今後を展望できると考えるからである。この展望には、私たち教師が、多様な生き方にある子どもの生活に参加し、ともどもに自己を他者に開く見通しを共有する過程が不可欠である。こうした指導論を保障する教育条件の課題も視野にいれなくてはならない。

　第二には、リ・インクルーシブと呼ばれるように[17]、インクルーシブ授業は、困難な課題を持つ子どもが学習集団に開かれるとともに、いわゆる通常と呼ばれる子どもたちも真の意味で開かれていく場づくりを目指す。そこには、単に互いに配慮するといった人間関係論を越えて、自分たちの未来にとって何をこそ学ぶべきかをともどもに模索する場をつくる視点がなくてはならない。こうした広い視野に立つ教師の育ちがなければ特別支援教育の時代に入ってますます「専門家にゆだねる指導」が強くなっている今日の傾向に対抗することはできない。

注・文献

1）清水貞夫『インクルーシブ教育の提言』クリエイツかもがわ、2012年、48頁
2）堀尾輝久・服部英二「文化の多様性と平和」『人間と教育』No.63、旬報社、2009年
3）湯浅恭正「現代学校への期待と教授学研究」湯浅・白石編『吉本均著作選集⑤』明治図書、2006年
4）綾屋紗月「「自己」の育ち－当事者の立場からの研究－」『教育』790号、2011年、国土社、64頁
5）竹内常一「生活指導におけるケアと自治」竹内ほか編『生活指導とは何か』高文研、

2015年、96頁
6) 竹内、同上論文、100頁
7) 川田英之「国語科の読むことが困難な生徒へのシンキング・ツールによる支援の効果の検証」『香川大学教育実践総合研究』30、2015年
8) 稲田八穂「小学校②　スイミーのオリジナル絵本をつくって、1年生に読み聞かせよう」浜本純逸監『特別支援教育と国語教育をつなぐ　ことばの授業づくりハンドブック』溪水社、2014年
9) 司城紀代美「通常学校において『特別な支援が必要』とされる児童と他児とのかかわり－ヴィゴツキー障害学の視点から－」『特殊教育学研究』第50巻第2号、2012年、172頁
10) 司城、同上論文、172頁
11) 渡辺恵津子「低学年だからこそ豊かな「習熟」観をもって」『教育』701号、国土社、2004年、以下の事例も同論文による。なお、インクルーシブ授業を認知的側面で構想する立場への批判としては、新井英靖『アクション・リサーチでつくるインクルーシブ授業』ミネルヴァ書房、2016年を参照。
12) 日笠正子「ぼくはこれでええんじゃ、LD, ADHDの子どもと三つの共同」大和久勝編『困った子は困っている子』クリエイツかもがわ、2006年
13) 中野譲「子どもたちとともに、あたりまえの生活を創造する」『生活指導』高文研、721号、2015年
14) 清水、前掲書、72頁
15) 清水、同上書、151頁
16) 加藤由紀『思春期をともに生きる』クリエイツかもがわ、2014年
17) 原田大介「学習者のコミュニケションの実態とことばの授業の可能性－『伝え合う力』をより深く獲得していくために－」浜本監、前掲書、9頁

付記）本稿の論旨と事例については、その一部を拙稿「インクルーシブ授業づくりのビジョン」『授業づくりネットワーク』NO.21、学事出版、2016年でも述べている。

（湯浅　恭正）

第4章
アクティブ・ラーニングと学習集団研究

　「現在において過去は既に過ぎ去ったものでありながら未だ過ぎ去らざるものであり、未来は未だ来たらざるものでありながら既に現れている」といわれる。そのさい、「過去」と「未来」は単純に結びついているのではなく対立しながら一になっているともされる。この意味で「現在」とは、「過去と未来との相互否定的に一である所」である[1]。本年報のタイトルである「学習集団研究の現在」とは、この理解にしたがうならば、これまでとこれからの学習集団研究の対立する同時存在において、何が対立し、未来への進展をいまどう考えるかという課題を提起するものであろう。

　だが、この課題に迫るのは容易ではない。学習集団研究にはそれほどに多くの論点や蓄積された成果があるからである。そこで、ここでは、次期学習指導要領改訂の眼目であるアクティブ・ラーニングとの関連に限定して迫ってみることにする。というのは、「課題の発見・解決に向けた主体的・協働的な学び」（「教育課程企画特別部会　論点整理」、以下「論点整理」と略す）がアクティブ・ラーニングであるならば、呼称の如何にかかわらず、学習集団研究はもともとそうした学びを一貫して求めてきたといえるからである。

　以下では、まずはアクティブ・ラーニングの難点を整理する。次にその難点を越える学習集団研究の成果（論点）を明らかにする。最後に、学習集団研究の課題とアクティブ・ラーニングの逆活用視点を重ねて示すことにする[2]。なお、ここでいう学習集団研究とは、教育方法学研究では二大別されてきた一方の代表者であった吉本均のそれをさす。

1　アクティブ・ラーニングの難点

　アクティブ・ラーニングは、大学教育改革から初等・中等教育に降ろされてきた教育方法であるとよく指摘される。時系列的にみれば、それで間違い

はない。ただし、その導入を本格的に謳った「大学教育の質的転換」答申（2012）は、すでに初等・中等教育段階におけるプログラムの構築と教育方法の質的転換をも同時に強調していた。そのため、アクティブ・ラーニングは、最初から小・中・高・大の教育方法として想定されていたとみてよい。それらに通底する趣旨は、知識の伝達・注入や学習量ではなく、学びの質と深まりの重視である。この限りでは、アクティブ・ラーニングに反対する人はおそらく皆無であろう。多くの教師が求めてきたことだからである。また、現在でも求めているからである[3]。だが、その内実に立ち入ってみると、見過ごせない問題がいくつもみえてくる。

　第1は、アクティブ・ラーニングを導く「育成すべき資質・能力」という目標の元を辿れば、経済界からの労働力要請に行き着くという点である。エンプロイアビリティ、人間力、就業基礎能力、社会人基礎力、学士力、「生きる力」などの「新しい能力」が「グローバルな知識経済の下での労働力要請」を背景にしていることはすでに指摘されてきた[4]。今回の「育成すべき能力・資質」もその延長上に位置づく。2010年代に限定してみても、日本経団連がグローバルビジネスで活躍する「グローバル人材の育成」を提言し（「グローバル人材の育成に向けた提言」2011）、大学ばかりではなく初等・中等教育にもそれを求めたり（「世界を舞台に活躍できる人づくりのために」2013）、あるいは経済同友会が激動のグローバル社会・経済のなかで市場競争を勝ち抜ける真に求められる人材を提示し、アクティブ・ラーニングに期待を寄せたのは（「これからの企業・社会が求める人材像と大学への期待」2015）、その証左である。「21世紀型スキル」や「キー・コンピテンシー」も取り沙汰されるが、前者はアメリカのICT関連企業が主導する、グローバル化の加速とデジタル化の到来に対応する能力であり、後者はEUが主導する、知識基盤型経済を勝ち抜く人的資源の確保・開発をベースにする能力なので[5]、背景に変わりがあるわけではない。「工業化社会における人的資本」から「新しい社会経済システムを創り出す力」への転換を文科省関係者が率直に語れるのも[6]、このためである。それは、企業や財界の意向を公教育の目的に置換する「教育目的の私事化」といわれる[7]事態の躊躇いのない表明である。アクティブ・ラーニングに纏わされた教育的衣を剥ぐと、いったい誰のためなのかが明瞭となるのである。

　第2に、「教育目的の私事化」といえども、国民統合の視点が捨て去られ

てはいないという点である。それは、「論点整理」が提示する「これからの時代に求められる人間の在り方」のなかに見出される。その冒頭で「郷土や我が国が育んできた伝統や文化に立脚した」人間像が示されているのである。他のところでも「我が国の伝統に向かい合う」「日本人としての美徳やよさ」「日本人の生き方」などの文言が散見される。つまり、教育基本法の教育目標にみられるナショナリスティックな部分は十分配慮されているのである。しかも、そこに、協働する力・リーダーシップ・チームワークなどのグローバル化対応の資質・能力が後述の「人間性等」の中身として重ねられている。総じていえば、外に向かってはグローバルな知識経済を生き抜ける人材養成を前・全面に掲げながら、なお内に向かってはナショナル・アイデンティティへの政治的統治を埋め込みつつ、そのアイデンティティに再びグローバル人材に必要な資質・能力を融合させるという構図なのである。

　第3は、学びと教えにかかわる二元論という点である。「論点整理」は、学校教育法第30条でいう学力の3要素に連動させて、「何を知っているか、何ができるか（個別の知識・技能）」、「知っていること・できることをどう使うか（思考力・判断力・表現力等）」、「どのように社会・世界と関わり、よりよい人生を送るか（学びに向かう力、人間性等）」が「資質・能力」の具体的な柱だという。3要素の1つである「主体的に学習に取り組む態度」（学習意欲）がさきにふれた「人間性」にまで拡張されていることがわかるが、そればかりではなく、ここには、相変わらず学びにおける「知識・技能」と「活用力」との段階的形成という見方が払拭されてはいないという問題がある。「論点整理」ではたしかに知識の体系化・構造化、問題発見・解決のなかでの必要な情報の収集・蓄積と新たな知識の獲得、さらには上記3つの柱の総合化、が強調されてはいる。だが、情報にしろ知識にしろ、それらは問題解決のために活用される対象として位置づけられているのである。そのことは、同時に、「教えること」と「考えさせること」との二元論という問題と重なる。3つの柱の総合的発揮といいながら、「教える場面と、子供たちに思考・判断・表現させる場面を効果的に設計し関連させながら指導していくことが求められる」と「論点整理」がいうのは、その象徴である。前回の改訂時に強調された「教えて考えさせる指導」が拭い去られてはいないのである。

　第4は、教科内容との関連である。「論点整理」では、「教育課程全体や各教科等の学びを通じて『何ができるようになるのか』という観点から、育成

すべき資質・能力を整理する必要がある。その上で、整理された資質・能力を育成するために『何を学ぶのか』という、必要な指導内容等を検討し、その内容を『どのように学ぶのか』という、子供たちの具体的な学びの姿を考えながら構成していく必要がある」とされる。目標→内容→方法の関連で教育課程や各教科を構成することが強調されているようにみえる。だが、その中身は、資質・能力→学びの内容⇄アクティブ・ラーニングである。「教科等を学ぶ本質的意義」もこの観点からとらえ直すことが重要ともいわれる。つまり、「教科内容の手段化」であり、「活動の教科内容化」である。用意した真理への回収という問題はあるにしても、これでは、いずれにしても、「真理・真実のかたまり」としての教科内容という視点とそれによる内容研究の成果を後景に退かせる。アクティブ・ラーニングは真理・真実から子どもを遠ざける方法になりかねないのである。他方、教科書のあり方は不問に付されているという問題もある。それは、活動主義という批判をさすのではない。活動主義といえども、何かに取り組む活動である限り、何らかの内容が前提とされる。無内容の活動はあり得ない。この点からみると、アクティブ・ラーニングが前提とする内容は、やはり教科書にある。どのような教科書が出来するかは不明であるが、教育基本法の教育目標との関連の明示を義務づけられた編集趣意書に基づいて作成され、検定され、使用を義務づけられ、政府の統一見解まで記載される教科書のあり方はそのままである。「論点整理」でこれに関する言及がないのはその裏返しの証である。アクティブ・ラーニングが教科書内容の鵜呑を覆い隠す方法として利用される危うさがある。「教科内容の手段化」「活動の教科内容化」「教科書内容の鵜呑み」では、真理探究のための「課題の発見」にはならないのである。

　第5は、教育方法の統制という問題である。アクティブ・ラーニングの提起は、「特定の型」の普及ではないし、「具体的な学習プロセスは限りなく存在しうる」ともいわれる。だが、「特定の型」の強要ではないといいつつ、アクティブ・ラーニングという方法それ自体は押し付けている。しかも、①問題発見・解決、②対話的な学び、③学習活動の振り返りといった視点で縛りをかけている。もちろん、そうした視点を否定する必要はない。それどころか、対話的な学びなどはますます重要になっている。だが、だからといって指導要領で統制されてよいわけではない。内容ばかりではなく方法までも統制してきた学習指導要領の今日的バージョンというほかはないのである。

第6は、学校経営との連動にかかわる。教育課程の編成・実施・評価・改善を図るPDCAサイクルを軸にして「資質・能力」を踏まえて教科ならびに教科横断の学びをすすめる学校全体の組織的運営である「カリキュラム・マネジメント」を学校経営の要として位置づけ、同時にアクティブ・ラーニングもまたそれと連動させる必要があるとされる。アクティブ・ラーニングで授業改善を図る学校経営というわけである。教育の方法ばかりではなく、学校経営レベルに教育方法を介して縛りをかける構図である。こうした構図に教育の自由や学校の自律性といった観点はうかがえない。各学校独自の自主的な取り組みが「自ら治まる」事態となることが大いに危惧されるのである。

　このほかに学習評価との一体化という名による支配などの問題もあるが、少なくとも以上の問題群にアクティブ・ラーニングのダークサイドをみることができる。その問題群に対して、学習集団研究は何を明らかにしてきたのだろうか。

2　アクティブ・ラーニングの問題群を越える学習集団研究の論点

　習熟度別などにみられる弾力的編成の対象としての一般名詞ではなく、固有名詞としての「学習集団」が本格的に研究されたのは1960年代以降である。それは、当初から、断片的な知識のため込み学習やたんなる生活経験交流型学習に抗して、「生活」から「科学」にわたっていく主体的で探究的な思考活動を組織する授業過程の論理を追究した。そのさい、管理主義・徳目主義・観念主義を批判して、共同的関係を自治的につくりだす過程において分裂と差別の支配する学級に民主的連帯性を確立するとともに1人ひとりの主体性を形成する訓育過程の論理をもあわせて追究した。だが、両者を単純に足したのではない。学びの対話的で共同的な性格に着目して、1人ひとりの思考活動の過程それ自体が同時に集団的な過程であるととらえ、学級づくりをも媒介にして両者の内在的な結合を求めたからである[8]。そして、そのことを通して陶冶（学力形成）と訓育（人格形成）の統一を達成しようとした。しかも、それを机の上ではなく教師たちとの共同研究のなかで求め、指導技術や実践的すじ道にまで具体化したのである。その内容をみると、アクティブ・ラーニングに対して「何をいまさら」と感じざるをえない面はあるが、それ以上にアクティブ・ラーニングの問題群を批判的に越える論点がすでに内包

されていたことがわかる。
　1つは、人間像と学ぶ権利にかかわってである。学習集団研究は、「自分たちの幸福と権利とを追求して生きていくこと、そのために、それぞれの幸福を阻害している諸条件に対してはその変革を要求して生きる権利の保障を正しく求めていくことのできるような人間」[9]像を求めた。ナショナル・アイデンティティを埋め込んだグローバル人材とは全く異質の人間像である。そして、そのさいの「生きる権利」は、国家権力による教育支配と民衆統制ではなく、教育の民衆支配にもとづく「権利としての教育」思想を背景にして「学習する権利」と重ねられ、学習権への共同要求を子どもに育てていくこととして当初から具体化されたのである[10]。これは、アクティブ・ラーニングには欠落している視点である。
　2つは、授業における訓育の最大限の追求である。いうまでもなく、それは、授業の道徳主義化をさすのではまったくなかった。教科内容における科学性・系統性のもつ世界観形成ばかりか、子どもの生活台や内面的構えをくぐった認識の発展と定着、自主的・共同的な探究の意欲と態度、教科内容の科学性さえ批判的にあらためる主体性、授業秩序創造の自治的共同性などの民主的訓育機能[11]を、陶冶の徹底にかかわって相互連関的に求めることを意味した。そこには、「能力（学力）本位」には「人格（人間）本位」がまったく考慮されていない[12]というのではなく、むしろ能力本位に埋め込まれているナショナル・アイデンティティの形成への具体的対抗がみられるし、同時に、教科書内容を鵜呑みにしないでそれ自体を批判的に問い直す主体性という視点も位置づけられているのである。
　3つは、教科内容と能力発達との関係である。学習集団研究では、「陶冶という概念は、もともと、陶冶の内容にたいして子どもがみずからを開いていくということ」であり、「思考する、判断する、…といった力や機能が、いわば『眠れる可能性』としてあらかじめ存在していて、それが現実に達成されていくための手段、道具として教材や陶冶内容があるのではない」と主張された[13]。機能主義的形式陶冶論批判である。いかなる内容をどのように学ぶかにおいてしか能力はその構造も形式も得ることはできず、汎用的能力一般が端からあるわけではないというのである。陶冶（Bildung）概念に検討の余地はなお残されているとはいえ、この指摘は、アクティブ・ラーニングにみられる「教科内容の手段化」「活動の教科内容化」に対する鋭い警鐘

である。この点では、メタ認知などのベースは教科の領域固有の学習にあり、簡単に転移しないとする近年の指摘[14]も、その限りでは首肯できる。そのことはまた、知識獲得と能力発達との段階論ではなく、知識を深く共同探求・構築する過程が同時に思考力などの発達を促す過程であることをも意味する。しばしば引き合いにだされる反転授業にみられるような知識と能力の段階論的つなげ方ではないのである。

4つは、教えることと学ぶこととの関係である。学習集団研究では、子どもを管理統制する「管理主義の指導観」、子どもの「自発性」への無条件の楽天的信仰である「自発主義の指導観」、両者を折衷する「バランス論の指導観」が批判され、指導することで子どもの自己活動を成立させるという「指導と自己活動のドラマ的統一」が主張されてきた[15]。教師の教えによって子どもの主体的な学びを誘発するという揺るがすことのできない教授学的原則の提起である。「教える」と「考えさせる」の二元論的な場面組み合わせには堕さないというわけである。加えて、そこでの学びの主体性とは、「教科内容を習得していく過程での認識の能動性、知的働きの能動性」であり、「外的活発さとはちがっている」ともされた[16]。これは、アクティブ・ラーニングにかかわって「身体的に活発な学習（hands-on）よりもむしろ知的に活発な学習（minds-on）」[17]が説かれるが、その先駆的指摘といえる。

5つは、学習集団の指導過程にかかわってである。以上の論点を内に含めて、螺旋的に高まる応答関係の質的発展と主体的参加のすじみちが、次のように提示された[18]。

(1) 対面する関係の指導（話す-聴くという関係を教師と子どもから子どもの間へと発展させる）

(2) うなずき合う・首をかしげる関係の指導（話す-聴くものの間で、うなずいたり首をかしげたりして内容にかかわって応答関係を成立させる）

(3) 「わからない」を出すことの指導（最初はリーダーを中心とした「わからない」という要求を出し、次第に「わからない」子ども自身が要求する）

(4) 発問（説明・指示）による対立・分化とその指導（発問によって、子どもたちのなかに対立した意見や分化した意見を引き出し、応答的な集団思考の契機をつくる）

(5) 「接続詞で関わり合う」関係の指導（教師が「頂点」の子どもに問いただしたり、「底辺」の子どもの「つまずき」に味方したりすることで、「そ

のわけは」「もっとくわしくいうと」「だから」「でも、しかし」といった接続詞でつながる問答や討論を組織する）

　すでに述べた論点は省略してここでの特徴点を挙げれば、ひとつは、それぞれの相で子どもたちの間の差異（対面する・しない、うなずく・うなずかない、わかる・わからない、意見の対立・分化など）に着目し、その差異を各相ごとに教師の指導によって子どもたち自身が克服するすじ道が構想されている、いまひとつは、差別と貧困のなかにあるマイノリティを特権的に優遇するわけではないが、「底辺」の子どもから授業成立を問い直すという視座がこれもまた各相にある、といった点である。アクティブ・ラーニングでいわれる「協働」を誰がどのような立場からいかにつくるのかという等閑視されている問いへの回答が示唆されているのである。

　6つは、学校経営にかかわってである。もともと学習集団研究は、何よりもそれに魅力を感ずる多くの教師の自主的な研究会やサークルを支えとして、あるいは個々の教師の独自の取り組みとして発展してきた。しばしば学校全体での研究の場合でも、校長をはじめとした教職員のそれなりの合意と納得にもとづく共同研究として、ときには自主的な授業公開もしながら取り組まれてきたのである。

　以上は、吉本学習集団研究のすべてではない。ただアクティブ・ラーニングの問題群にかかわる限りでの論点を挙げたにとどまる。ただし、アクティブ・ラーニングを展開しようとするのであれば、少なくとも踏まえられるべき論点であるといってよい。しかしながら、学習集団研究には残された課題ももちろんある。その課題に迫ることが、学習集団研究の新たな構想に寄与し、同時にアクティブ・ラーニングをいっそう深めることになるにちがいない。そこで最後に、その点について紙幅の許す限りで言及しておこう。

3　学習集団研究の課題とアクティブ・ラーニングの活用

　学習集団研究の課題を一言に集約すれば、同一性への回収の超越である。さきに示した学習集団の指導過程を例にしてみてみよう。

　差別と貧困のなかにある「底辺」の子どもたちは授業と学びに困難をもつことが多い。それ故に、みたように、応答関係の発展と主体的参加のすじみちにある5つの相には、そのことを視野に入れて差異から出発するという重

要な視点がある。だが、他方で、それらは各相ごとで統一されるものとして構想されている。しかも、5つの相から成るすじ道は、教師によって予め想定されている。したがって、全体としても教師の予定した世界への子どもの主体的で共同的な同化が構想されている。こうした二重の同一性への回収を越え出ることが、課題となる。この課題に迫るためには、少なくとも3つの局面は欠かせない。

　第1は、教えることの新たな構築という局面である。さきの学習集団の指導過程は、「教授行為の技術体系」としても特徴づけられている。「かん」や「こつ」にとどめず、かつ技術主義には陥らずに、子どもの学びを呼び起こす教師の教えを誰でも共有できる技術に具体化するという意図がそこにはある。しかし、教えによる学びの誘発が原則であるにしても、それにとどまるだけでは、子どもの学びは教師の教えに囲い込まれることになる。ここに同一性が認められる。そのため、学びの地平から教えのありようを逆に問い直す必要が生ずる。たとえば、発問によって対立・分化を呼び起こすことは、子どもの問いを後景に退かせ、教師の問いへの同化を導く。したがって、子どもの問いを重視する回路の保障が必要となる。ただし、それは、子ども中心主義に再び戻り、子どもの問いに委ねればよいというのではない。そうではなく、問うこと自体を教えること、その問いを他者につなげながら複数の問いや課題を立ち上げてこれを共同探究することを教えるという回路をさす。そのためには、何が本質的で重要な問いや課題なのかを見通しておく教師の教材研究は欠かせない。そのことで、教師と子どもたちとによる問いや課題の共同決定が可能となるのである。発問は1例であるが、教師が定めた世界に子どもを一方向的に誘う「閉じた教え」ではなく、子どもと教師自身とに「開かれた教え」へと構築することこそがまず基底として求められるのである。

　第2は、上と密接に関係するが、子どもが獲得する知のあり方という局面である。さきの学習集団の指導過程は、対話を介した同一の科学知への収斂を志向している。それは、科学知の主体的真実化と言い換えてもよい。その分逆に主体的真実から科学知を問い返すという視点（教科内容の科学性を批判的に問い返す主体性という、すでにみた学習集団研究がもともと内包させていた視点）は弱く後退する。対話論では、対話は知の真理性の相互確証を促すが、同時に知の真理性を生み出す面もあるといわれる。コミュニケーション論では、文化知の更新ともいわれる。その点に着目すれば、自己の真実か

ら科学知をともども批判的に問い直す対話が必要となる。そして、それは、自己の真実それ自体も同時に捉え返しうるような対話である。そうした対話を通してこそ、実際にはつねに1人ひとりにとっては個性的であることを保持した「共同知」が生み出される。また、同一の知に収斂されるのではなく、「共同知」が複数生み出される。自己の真実との往還を介して、何が何を根拠に何故に真理といえるのかを求める対話のなかで、こうした相貌をもつ「共同知」が生成するのである。

　さらに第3は、授業文化の新たな創造という局面である。たとえば、多動な子どもが立ち歩きたくなるときは条件つきでたち歩く権利を保障する、不登校ぎみの子どもが参加できるために教室後方に段ボールで部屋をつくる取り組みなどにみられるように、「生きづらさ」を抱える子どもの多様なニーズを認め合う学びのルールがつくられてよい。あるいは、たとえば、複数の共通課題に迫るための学習班を超えたグループ編成と各グループ独自の学びの方法の選択、興味・関心をもった個別の課題に応じた学習チームの編成と課題に相応しい学びの方法の選択などのように、学びの形態や方法が子どもたちと合意されてよい。さらには、緻密な指導案を作成し、細大漏らさずにその計画に子どもの主体的参加を囲い込むのではなく、学びと授業の進行・計画を立てること自体を授業の一部にすることもできる。これらは、学習集団の指導過程にみられる、教師の指導性と対称関係にある共同的な関係行為の型から成る授業文化を、子どもの「声」から構築し直す局面である。

　以上の局面からアクティブ・ラーニングに再度立ち戻ってみれば、「課題の発見」は教材内容の批判的検討をも必然的に内包する課題の共同決定へ、「課題の解決」は決定された複数の課題に対する事実と根拠に基づいた対話へ、「協働」は自己を表現できる関係と授業文化の創造的組み換えへといった3局面の一体的展開が、示唆されよう。そこで培われる「資質・能力」は、「社会の変化」に対応するというよりも、社会をともども批判的に創造しあう「資質・能力」になるに違いないのである。

　最後に、校内授業研究会に関していえば、学習集団研究を前提にしたそれへの同化というしばしば陥りがちであった傾向を越えて、したがって、スタンダード化されかねないアクティブ・ラーニングへの同調をも越えて、授業をともどもリフレクションするさいの教職員間での多様なリフレーミングも求められよう。それもまた、同一性からの脱却なのである。そして、ここで

述べたことも同様に、リフレーミングの対象とされてよいのである。

注
1）上田閑照編『自覚について 西田幾多郎哲学論集Ⅲ』岩波書店、1989年、10頁。
2）以下では、久田敏彦「アクティブ・ラーニングの光と影」「読み」の授業研究会編『国語授業の改革16』学文社、2016年、同「子どもの参加と授業づくり－学習集団論を手がかりにして－」岩垣攝ほか『教室で教えるということ』八千代出版、2010年の一部を参照している。
3）最新の調査によれば、アクティブ・ラーニングに対して「賛成」「どちらかといえば賛成」と回答した教師は、小・中学校の場合90％以上、高校の場合80％以上となっている（愛知教育大学『教員の魅力プロジェクト 報告書』2016年3月、81-82頁）。
4）松下佳代「〈新しい能力〉概念と教育－その背景と系譜」同編著『〈新しい能力〉は教育を変えるか－学力・リテラシー・コンピテンシー』ミネルヴァ書房、2000年、3頁、8頁。
5）松尾知明『21世紀型スキルとは何か－コンピテンシーに基づく教育改革の国際比較』明石書店、2016年、19頁、26頁参照。
6）合田哲雄「これからの時代が求める資質・能力とは」髙木展朗編著『「これからの時代に求められる資質・能力の育成」とは－アクティブな学びを通して－』東洋館出版社、2016年、7-9頁。
7）高橋哲「現代教育政策の公共性分析－教育における福祉国家論の再考－」日本教育学会『教育学研究』第82巻第4号、2015年、16頁。
8）吉本均『授業と集団の理論』明治図書、1966年参照。
9）吉本均『現代授業集団の構造』明治図書、1972年、18-19頁。
10）吉本均『授業と集団の理論』、前掲、163-168頁。
11）吉本均『発問と集団思考の理論』明治図書、1977年、30-32頁。
12）安彦忠彦『「コンピテンシー・ベース」を超える授業づくり－人格形成を見すえた能力育成をめざして』図書文化社、2014年、75頁。
13）吉本均『訓育的教授の理論』明治図書、1974年、189頁。
14）国立教育政策研究所編『国研ライブラリー 資質・能力［理論編］』東洋館出版社、2016年、35頁。
15）吉本均『ドラマとしての授業の成立』明治図書、1982年、106-109頁。
16）吉本均『学級で教えるということ』明治図書、1979年、99頁。
17）松下佳代「ディープ・アクティブラーニングへの誘い」同編著『ディープ・アクティブラーニング』勁草書房、2015年、18頁。
18）吉本均『学級で教えるということ』、前掲、27-34頁。

（付記） 本年8月1日に「審議のまとめ〈素案〉」が提示されたが、すでに本稿校正段階であったため、これについては言及できていないことをお断りしておきたい。

（久田　敏彦）

第2部
学習集団づくりによる授業の改造
──実践記録とキーワードの再定義

第1章 子どもたちが出会い直すための指導的評価活動
　　　──「評価」の再定義（長谷川清佳・八木秀文）
第2章 子どもたちと達成感を共有する班づくり
　　　──「班」の再定義（山口　隆・宮原順寛）
第3章 魅力ある発問づくりにつながる教材研究
　　　──「発問」の再定義（小泉　靖・佐久間敦史）
第4章 子どものニーズをふまえた全員参加の授業づくり
　　　──「全員参加」の再定義（竹内　元）

第1章
子どもたちが出会い直すための指導的評価活動
―― 評価の再定義 ――

1　みんなで楽しく、みんなで解決する

(1)　はじめに

　忙しい日常から自分をふり返ることは、まずしないと思う。それでもふり返ることをした方がよいと思えたのは、うまくいかなかったことも、それなりに「ここはよかったのか」と思え、反対にがんばったことは「あれ！？思っていたのとなんか違う」と分かるからである。何をしたらよいか分からなければ分からないなりに、その年その年で大切にしたものを書いたつもりだ。私自身評価が苦手なためこれが評価なのかと思われるかもしれない。それこそ、読んで「指導的評価活動って何？」と一緒に考えてもらえたら幸いに思う。

(2)　暗中模索の一年間
①　何をしたらよいのか分からない

　先生になって初めて子どもと出会ったその日、さっそく帰り方を巡ってバトルをしてしまったし、仲良くなるようにと願ってゲームをしたが、子どもから「意味が分からない。」「やりたくない。」と言われてしまった。子どもは2年生、私は先生になって1年生。何をしたらよいか分からない日々だった。

②　書くことによって出会い直す

　納得と合意によって子どもとの関係ができていくのだが、それがすぐにできれば苦労はしない。とくに中心となる子どもたちは私が話せば、「いやだ。やりたくない。」と言い合意が取れなかった。それでも、子どもたちとかかわり合うために、とにかく週末日記の返事を長々と書いた。日記のよい所は、すぐに応えなくていいことである。じっくりと自分の中で相手のことを考え

ることができる。相手が目の前にいないため、一歩ひいて対峙できる良さがある。事実、教室で私と喧嘩をすることは多々あったが、日記の中でYくんはとても素直だった。取っ組み合いのけんかをした時、「はんせい」と言うタイトルで次のような日記を書いてきた。

　　金曜日にぼくは、わるいことをしたなと思っています。
　　なぜそう思ったかと言うと、心がむかむかしておさえきれなかったからです。たとえば、ぼくががまんできなかったらみんながこまるのでやめます。
　　いまはおこられてばっかりだけど、もしいいこになったら、みんなやさしくしてくれるし、ほめてくれると思います。もし、むかむかしておさえきれなかったら、一人にしてほしいです。また、それができなかったらろうかにたたせてください。なぜかと言うと、一人になると、はんせいしやすいからです。だから一人にしてください。
　　ごめんなさい。

　この時、私は初めて、「この子も困っているのだ」と感じた。それまでは、問題を起こす困った子だな、嫌だなという気もちしかなかった。しかし、Yくんは、おさえきれないむかむかした思いがあるのだということ、この子もいい子になりたいのだ、ほめられたいのだと思った。私もYくんの苦しい気もちを分かってあげられてなかったのだと思った。それから、一人になってクールダウンすることもできるようになったが、私とYくんの関係が日常の中で改善されたかと言われたら、そうではない。最後まで反発したままだったが、私が、日記の返事をずらずら書くと、Yくんも負けじと毎回日記を長々と書いてくれた。私はYくんを好きだったし、Yくんも私のことを好きだったように思う。私は、日記によってその子の見方を変えることができた。書くことは子どもとつながるための一つの方法となった。

(3)　子どもとの出会い直し
　①　仕切り直しの3年生
　2年目になり、なぜ昨年度は失敗したのかを考えた。そうすると、やはり最初子どもとのやりとりに負けてしまったのだと思った。だからこそ、子ど

もと出会った日、主導権を取られないことを第一の目的にし「この先生はやさしいけど、怒ると怖い。」を目ざした。具体的にはいけないことはいけないと言うことにした。腹が立ったときに怒ってよいということに至った。というのも、当時、隣の先生が子どもに腹を立てている姿をよく見たからだ。今思えば、その先生は、子どもを叱り、子どもに「要求していた」のだと思う。「怒るのと叱るのは違う。叱るのは、その後ほめるためだ。」とその先生に言われたのを覚えている。まだまだ叱るのは難しいが、腹が立てば怒りよければ素直に感動する、そんな教師でいようと思った。子どもと向き合っているのは、自分しかいないのだからそれが大事なのだと思った。

② 子どもと子どもがつながるために─班日記に挑戦─
　書くことで子どもとつながった私は、次は、子どもと子どももつないでいきたいと思うようになった。そこで、やってみたかった班日記をやることにした。「目的がないのに、形だけやっても意味がない」とよく言われるが、私は形も大事だと思うし、やってみたい時にやってみることも十分必要だと思う。やらないよりましという考え方だってあってよいと思う。
　班日記をする前に、①班目標、②ノートを回す順番、③最後は先生に回すことを決めた。初めて書く班日記を子どもはどのように書いたらよいのか分からないため、「今日よかった人をみつけて書いたらいいよ。」ということを伝えた。だから初めの日記は、教師の思ったように進んでいる。

　　6月27日　2班（担当　Mさん）班日記
　　　今日、Nくんがよかったね！ひさしぶりにNくんが手をあげたね。きゅう食もみんな4つ花丸もらえた、すごい。2はんのみんなは、頭がいいはん。
　　　ときどきトラブルもおきるけど、すぐになかなおりできる。もう一つは、やくそくがまもれるから。きれいに書くこともできている。バランスよく書いてある。
　　　わたしは、2はんになってよかった。……以下略。

　　6月28日　2班（担当　Yさん）班日記
　　　目ひょうをふりかえってみると、しせいよく…花丸、2はんぜんいん

手をあげる…花丸。目ひょうはこのちょうしでがんばろう(^O^)きゅう食もこのちょうし♥算数のあんざんのせつめいむずかし〜。けど、Tさんすごーい。ちゃんと手をあげてせつ明をしていたよ♥わたしたちもむずかしい事にチャレンジしてみよう☆楽しく明るく心を一つに。頭がいいはん。明るいはん。楽しいはん。心が一つなはん。そんなはんにしていこう。2はんになってよかったな。……以下略。

7月3日　2班（担当　先生）班日記
　はんの目ひょうができたかどうかふりかえっていていいね。2はんの人は手をあげる回数がふえて、先生はとってもうれしいよ♥Yくんの心ぱいもしていてあたたかい2はんさんは。……以下略。

　目標に対し、がんばっている友だちを見つけ、互いに励まし合っている姿はいいなと思った。他の班も最初の班日記は教師の言った目標に対し、素直に書いている。しかし、時間が進むにつれ、目標に向かって友だちのよさをみつける日記から、「普通」の日記へと変わる。

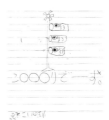

11月1日　6班（担当　Kさん）班日記
　きゅうしょくファイト！
　こんしゅうもがんばりましょう！
　ではしりとりでーす！

11月5日　6班（担当　Tくん）班日記
　みんなきゅう食たべるのがんばろう。
　5はんに一回ぬかされちゃったけど、
　またおいぬかそう。絵しりとりのつづき。

2月中旬　4班（担当　K2さん）班日記
　Mちゃんの絵しりとりは、こまだよね。
　今日の図工どうだった〜〜。
　わたしは楽しかったよ〜〜。わたしのきにいっているのは、お花のマグネットだよ〜。

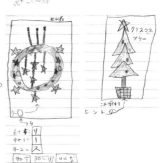

では、絵しりとりの時間だよ～～。

2月中旬　4班（担当　Hくん）班日記
K2さんの絵しりとりの答えはマラカスでしょ？
ぼくは牛にゅうがきらいだけど、なるべくがんばってのむようにするね。

2月28日　4班（担当　先生）班日記
今日は、Hくん全部食べて花丸1こゲットしたね！！すごい◇　次もファイト(^^)
明日の図工はどんなのを作るか決めたかな？？
はん画はむずかしいけど楽しいよ♥

　絵しりとりがどの班でも流行った。しかし絵しりとりをすることが目的化してしまい、友だちのよさをみつけて伸びていく当初目ざしていた班日記はどこかに消えてしまった。当時は、少し残念に感じた。
　ある意味「普通」の交換日記になってしまったのであるが、それでも、絵しりとりという文化が子どもの中から生まれてきたのは、絵しりとりがおもしろかったからだと思う。あの子たちにとってよさを見つけることだけはとてもしんどいことで窮屈なのだと感じた。だから絵しりとりというおもしろいものを子どもは自分たちで見つけたのである。
　班日記の中では、今日おもしろかったこと、自分が飼っているペットの紹介、習い事などが主な内容となったが、班でがんばっていることも残った。特に「給食を残さず食べよう」は最後までたびたび登場した。
　これは給食を食べる時、班でおしゃべりをして食べるのが遅くなり、昼休憩ができない状況から、「給食をおいしく楽しく、だけどいつもより速く食べる」作戦を考えさせ、13時までに食べることができた班には花丸を書いたことに関係していると考える。花丸を増やし続けようという思いが、最後まで班日記にあらわれた。だから、牛乳が嫌いでも最後まで飲む努力をしようと友だちのためにがんばろうとしたのである。
　初めての班日記は、絵しりとりという文化が支えとなり、ゆるやかに子ど

も同士をつなぐものになった。私自身も、班日記の一員となることで、子どもが何におもしろさを感じているのかを理解することができた。

(4) 学級全体への広がりを
① 学級通信の活躍

　3年目を迎え、2・3・4年生ともちあがった。書くことでつながることのおもしろさを覚えた私は、毎日連絡帳にミニ日記を書かせることにした。その日に返すため、返事は「おーすごい！」「応援してるよ、がんばれー。」などとても短い。誰とその日に遊んだのか仲が良い子は誰なのかといった人間関係が分かったり、リアルタイムで個々人の今日の思い出を知ることができたりと、子どもとよりつながっていけたように思う。

　しかし依然としてほめるのが苦手だ。「すごい！いいね！上手だね！」というありきたりな誉め言葉しか浮かばない。その瞬間で、よい場面を切り取って誉めていかないといけないのは分かっているものの、できない。

　ある人と最近学級のよかったことを話したとき、「それを子どもに伝えたの？」と問われた。心の中では「いいなぁ。やさしいなぁ。」と思ってはいたが、口にだして子どもの前で言っていないことに気がついた。まだまだその場で言うことが苦手な私は学級全体へ伝えるために、9月から通信を、そして初めて個人名も出した。

　　4-2 太陽（11月21日）より
　　　体育で今マット運動をしています。その中でも壁倒立にチャレンジしました。
　　　自分の体を支えることにだんだん慣れてきています。ミニ日記に「やってみると意外とできました。」ということが書いてあり、うれしく思いました。
　　　お家でもぜひチャレンジしてみてほしいなと思います。私もよくドアに向かって倒立をしていました(^_^)vこの前の体育で見本を見せました。(できて内心ホッとしましたが……（笑））みんなから拍手をもらうとやっぱりうれしかったです♥四の二の子ども達は、やさしく、がんばった友だちには拍手を自然にするのです。すてきですね☆

4-2 太陽（11月30日）より

　ろう下に1㎡を作りました。何人入れるか予想をした所、十人以下が一番多かったです。しかし…実際やってみると、な、な、なんと二十二人も入りました☆みんな予想外でびっくりしていました。

4-2 太陽（12月18日）より

　「世界一美しいぼくの村」、音読がまた一段と上手になりました♥会話文が上手です。ゆっくり読んでいる人が多くなり、伝わりやすいです！毎日が楽しくなります。

4-2 太陽（12月19日）より

　「世界一美しいぼくの村」、最後の場面を学習しました。子羊が、兄さんのように思えたこと、ヤモを元気づけたかったことなど、つながった意見がたくさん出ました。パグマンの美しさをヤモはもち続けており、ふるさとが大好きな気持ちをみんなと読み取れて楽しかったです。自主的にノートへ書き込んでいる人も増えました。もちろん、昨日の音読は今までで一番上手でしたよ！

4-2 太陽（1月24日）より

　四年二組は、日頃から給食を残さず食べるようがんばっています。今回の給食週間で毎日食缶を空にしようと必死です。昨日は、食べ始めた時点で「ごはん」も「みそしいとん」も「さけ」もたくさん残っていました。「今日は無理かなぁ…」と思ってしまうほどです。けれど、一時十分前くらいから、T2くんがさけをおかわりし、Nくんがごはんを大量におかわりしてくれました！それがきっかけとなり、たくさんの人がおかわりしました！！！無事全て食べきることができうれしくなりました♥あと二日がんばろう!(^^)!

4-2 太陽（1月28日）より

　みんなで協力して取り組んだ給食週間◇　見事やりとげました！水曜日にピンチをむかえましたが、乗り切り、木、金曜日は早々と食缶は空になりました。嫌いな食べ物もみんなのためにがんばって食べてえらかったです。

4-2 太陽（1月29日）より

　今日も給食を全て食べました！！給食週間が終わってもできるなんてすばらしいです◇　給食放送で「4の2」が呼ばれた時は、感動しましたね。

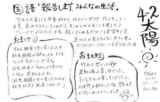

　読み返してみると、個人名は私が思っていたよりも随分と少なかった。図工の作品、ミニ日記を載せて短くコメントする程度だった。さらに、自主的に掃除をがんばってくれた人、なわとびビンゴ達成の人、自主勉シール100個達成した人などの名前を列挙することにとどまっていた。評価の言葉が入っているかと言われたら、それほど入っていない。しかし、例えば、「拍手をもらうとやっぱりうれしかったです」（11月21日参照）、「みんな予想外でびっくりしていました」（11月30日参照）など、その時自分が感じていたことを素直に書いていると思った。12月18日の音読も上手だったが19日には、さらに上手になったこと、1月24日には給食の完食ピンチが訪れたこと、28日は給食週間全て完食できたこと、29日に給食放送で呼ばれみんなで喜んだことなど、子どものがんばりを捉えることができた。毎日書いたからこそできたのだと思う。

　子どもたちも、自分のミニ日記や作品は載っていないかと配るとすぐに読んでいた。「○○ちゃんのっとるよ。」なども聞こえていた。おまけコーナーで私の冬休みの思い出や、家で起きた珍事件（家の中で滑って転んだ話）などを書いていたことからも分かるように、「4-2 太陽」は保護者宛てというよりも子どもに向けた私のミニ日記だったのかもしれない。子どものよいと思った言動を、その瞬間に見つけて話すことが難しい私には、1日楽しかったことを思い出しながら書くことが、子どもたちに伝わりやすく、何よりよかったのだと思う。

② サークルの誕生

　子ども同士のつながりをという思いからサークルを作った。サークルとは係（毎日必ずする仕事）とは異なり、学級を盛り上げるための楽しい活動とした。折り紙でいろいろな物を折って、掲示板に飾ったり、絵を描いたり、マジックを披露したりした。お楽しみ会も、これまでは私が行っていたが、企画サークルができたため、全て任せることにした。

　　4-2 太陽（11月28日）より
　　　待ちに待ったお楽しみ会♥企画サークルの人がゲームの内容や司会・進行、飾りまで全て行ったお楽しみ会でした。全て任せたのは初めてです！
　　　大丈夫かなぁと少し心配していました^_^; だけど、そんな心配を吹きとばすくらい協力して上手にできました。「司会や進行も自分達でするんよ」と朝、Iさんに伝えると、早速集まって決めていました。大休憩中には、長い輪かざりをかざったり、黒板にかいたり夢中になってやっていました。プログラムの中でも特に盛り上がったのが、ビンゴゲームです。一から四十まで好きな数字を書くというものでした。な、な、なんと私が一番でにビンゴをしてしまいました！！！これには、みんなもびっくりです。その後ぞくぞくとビンゴが出はじめ、ごうかな景品ももらいました。（折り紙でピアノなどいろいろ折っていました）感想では、「楽しかったです」がとても多く、中には「キラキラのしゅりけんがもらえてうれしかったです」という感想もありました。（T2くん）次は、体を動かすことがしたいのかな？？次のサークルの人、お願いします◇

　任されることが嬉しかったのだと思う。自分たちの力で何かをすることは大変なエネルギーを使うことだが、その分達成感は、人一倍であると感じた。しかし、休憩時間をつぶし、人のためにする大変なサークルであることは、人気な企画サークルが一気に二人になってしまったことからも分かる。受ける側の方が楽しいと考えても当たり前なのである。だがその二人は次のお楽しみ会も見事にやってのけた。

　　4-2 太陽（1月30日）より

昨日の五時間目にお楽しみ会をしました。今回の企画サークルはN２さんとHさんの二人だけ。（…中略…）準備はバッチリ◇ 折り紙の景品もいつの間にか作っていました。ビンゴでもらった景品はみんな喜んでいました。今回は体を動かす宝さがしやフルーツバスケットがあったので汗をかいている人もいました。
　みんなのために企画をしてくれた二人に感謝です！楽しくてまだやりたいの声があがるほどでした。

　みんなのために企画をするのに人数など関係ないと感じた。その後、また企画サークルに人が増えたのは嬉しかった。友だちのために企画してみたいという思いがでてきたと感じたからだ。みんなで何かをする喜びを感じることができたと思った。

(5) 授業においてかかわり合いを―５年生算数科「面積」の授業から―
① 「みんなでがんばる」を中心に

　学習集団を学んだものの、「学習集団って何」という疑問が大きいし、自分の実践は学習集団とはほど遠いものではないだろうかと思う。班も給食のみ。別に班をつくりたくないというわけでないが、どのように班をつくっていけばよいかよく分からない。
　そんな中、わたしの心に芽生えたものは、「初めて班をつくって授業をしてみたい」であった。なぜ班を作ろうと思ったのか、今思い返すと、Sくんが契機となったのだと思う。Sくんは一対一対応が必要で、指示が全く通らない子どもだ。私がSくんの所に「はりつく」と、他の子どもを「放っておくこと」となってしまった。その時、他の子どもの力が必要だと身にしみて感じるようになった。
　しかも授業中、自分の考えを書く際、何を書いたらよいか分からず固まる子どもがクラスに１／３もおり、高学年になったせいか手を挙げて発表する子どもも数名と少なかった。答えに自信がもてず、低迷していたころ、相談してからなら発表できることもわかり、班をつくろうという意識も高まった。そんな時、まなざしサークルで３人チームが話しやすいということや自分で必ず考える範囲（どこまでを自力解決とするか）をどうするかといったアドバイスをもらうことができた。

そのような中取り組んだ算数科「四角形と三角形の面積」の授業では「みんなでがんばろう」をしきりに子どもに言ったと思う。「一人が分かってよかったね」ではなく、「みんながいたから分かったね、がんばったね」という思いをもって授業に臨んでほしかったし、その思いを伝えると子どもたちもそうなっていったと思う。算数が苦手で「自分はばかだから」とあきらめている子どもにも、「自分にもできた」とそう思ってほしかった。

② 子どもたちと何をどう挑んだか─自力〜集団解決においての取り組み─

まずみんなでがんばるために、自分の考えがなくてはならない。特に、固まってしまう子どもが多くいたため、何をどこまで一人ひとりの子どもに求めるかを明確に示した。「知らない形」つまり台形を、分ける・付けたすことでこれまで習った長方形、正方形、平行四辺形、三角形という「知っている形」にする。そのために補助線を引くといった方法を訓練させた。

この補助線を引く自力解決は短く５分にした。とにかく補助線を引くのみに特化した。すぐにひらめく子どもは補助線を引いた後、式を書くことができる。一方で線を引くだけで精一杯の子どもにとって自力解決ほど苦痛なものはないからである。

自力解決の後は、３人組という「チーム」で話し合った（全部で10チームできた）。チームでは、「なぜそこに線を引いたのか」から話し合うように進めた。ここで大切にしたのは、「みんなで分かること」である。補助線まで引くことができたら、理由はチームで考えればよいと考えた。その方が参加しやすいからである。だからこそ活発な話し合いが進んでいるところを見つけては「ストップ」と言い、「今、このチームよかったよ。何が良かったかというと、S２さんがKくんにどうしてここに線を引いたの？って聞いてたんだよ。これが大事だよね！」「またまた発見！このチームはみんなが発表している人に注目してるから話しやすいね。」「よく話してる所は頭が近づいてるね。」「ここから分からないから教えてというのも大事！」と言った。

チームで自分の意見を出す事が大切だと思った。少ない人数だからこそ分からないと言うことができ、チームの代表意見をまとめることができると考えたからである。チームの意見をまとめるに当たって伝えたことは以下の３点である。

・自分の考えや相手の考えを聞いた後、どれをチームの考えとして出すかを話し合う。
・式と補助線のみを書き、説明のし方を考える。
　⇒「は(やい)・か(んたん)・せ(いかく)」を伝え、分かりやすい説明の仕方を考える。
・チームの中で発表者を決める。

　「意図的指名」(ここでは、よい考えをしている個人をあて発表させるという意味)はしなかった。全10チームに意見をまとめさせ、チームの中で発表者を決めさせた。決めさせたというよりも、「発表してない人が発表しましょう。」という流れで、発表者は順番となっていった。
　これは自分のチームの意見なのだから、誰が発表しようと、「困ったら助ける」ということをしてほしかったからである。そうすることで、一生懸命聞くことができると思った。話す意味もあり、聞く意味もあることが、みんなでがんばることだと考えた。そのため、「意図的指名」をするかどうかを最後まで悩んだが、しないことを決意した。それは、同じ人が前に出て指示棒で指し示しながら流暢に説明し、他の子どもは黙って聞いておくということに違和感があったからである。
　全10チームの考えが出そろってからは、黒板に提示された考えがどんな考えかをチームで話し合うことにした。自分のチームの意見を自分たちで発表する時もあれば、違うチームの考えを発表する時もあった。この単元で重視したのは、分からない時は分からないと言いチームで説明し合う、分かる場合はよりよい説明のし方をチームで検討することである。
　そして、発表できるチームは挙手をし、チームをあてる。あてられたチームは前に出て発表をする。困ったら、チームが助けに出てくる。1時間に数名の子しか発表しなかったが、挙手が増えた。友だちの力は大きいと感じた。普段は発表しない子どもが前に出て発表するため、他の子どもも真剣に聞いていた。

　この単元を通して、みんなでがんばる喜びを、一体感を味わうことができた。しかし、教材に踏み込んだ発問ができなかったことや、発表して終わりという発表会になってしまったという反省点はいくつもある。さらに、子ど

もたち同士よく話をしていたが面積の学習が終わると発表者が数名と元に戻ってしまった。単発的なものとなってしまったのも残念だったし、その分教師の力の入れ具合が大切だということを感じた。

⑹ 「文章へのこだわり」を中心に──6年生国語科「海のいのち」の授業から──

　6年生の担任をすると決まった時、「いい卒業式にしたい」ということが私の願いだった。「いい卒業式」とは、黙って話を聞き、凛とした姿勢で受け、大きな声で返事をし、卒業証書を受け取ること、心をこめて呼びかけをし、歌を歌うといった当たり前のことである。その当たり前のことをするために、がんばっていこうと思った。何度も子どもたちに呼びかけ、子どももそれに応えてくれたように思う。一方で、授業も1年間で一つはがんばるという自分の中で目標を決めていた。何か子どもの心に残る授業がしたい、面積の授業を経てみんなでがんばる授業を目ざしていきたいという思いが芽生えた。

　「海のいのち」に焦点を当てたのは、国語の授業研究をすることになったという単純な理由である。「先生は、書くことだけは厳しい」といったことを子どもに言われたことがあるが、その通りで、私は書くことに重点を置いてきた。そのため、読むことを「ほったらかし」にしてしまっていた。私自身、あまり読むことが好きではない。小学校2年生の時、国語のテストで悪い点を取ったからなのか、みんなで読む意味さえよく分からない。要約なんて、どの言葉が大事か分からず、苦手。そして、一番嫌いな言葉が「どうして？なんで？」といった理由、心情を問う「どういう気もちでしょう？」だ。「どういう気もちでしょう？」なんて、例えば「うれしくなりました。」といったように文章に書いてあるし、「なんで？」と聞かれても、そう書いてあるからとしか思いつかない。私にとって国語はやっかいな存在だ。

　要するに、これまで子どもたちと文章に向き合う経験をしておらず、さぼっていた国語を1回くらい「まじめに読む体験を」させたいという思いから始まったのである。それは、初めて海のいのちを読み聞かせた時「ねむかった」というKくん、「長くて難しい」「全く意味がよく分からなかった」という他の子どもの感想文からも分かるように、海のいのちは最初、子どもにとって大した存在ではなかったのである。

　「海のいのち」を「まじめに読む」と決めた時、漠然としたことを子ども

に問わないと決めた。自分が答えられないものを子どもに迫ってよいのかという疑問があったからだ。つまり、「なぜ」「どうして」を封印した。自分も言われて嫌なその２つを子どもに散々言ってきたこれまでの暴挙を反省した。

しかし、「なぜ」「どうして」を封印するとなると、「どうすればよいのか！？」また困った。正直、教材研究はよく分からない。その言葉を聞くたび「ハテナ」が頭の中をぐるぐる飛び交う。大事と言われても何が大事かもなぜ大事かも分からない。どうすればいいのかいつも悩む。

そんな時、まなざしサークルで「自分がまず物語を何度も読むこと」と言われた。自分で何度も読んでみると、ますます分からなくなった。

「海のめぐみ」だと言うおとうはなぜ体にロープを巻きつけたのか、なぜ太一はクエを殺さなかったのか、「海のめぐみ」と「海のいのち」は違うのか、といった疑問が出てきた。これは到底自分一人では解決できないと思ったため、みんなで考えてこの疑問を解決していきたいと思った。みんなで読む意味が分からなかったが、この時初めて少し分かるような気がした。

子どもにも「読書百篇意自ずから通ず」ということで、百回読んでみようと取り組んだ。海のいのちでは、おとうの生き方、与吉じいさの生き方、太一の生き方をそれぞれ読み取ることにした。おとうの生き方が分かる所に線を引かせた後、チーム（全10チーム）で話し合い、２チームが合体した班でさらに話し合った（一班６人で５班できた）。

分からない所を何度も班で話し合わせ、話し合いの結果を発表させた。話し合わせた内容は、例えば以下のようなものである。

○第一場面：「海のめぐみだと言って不漁の日が十日間続いても何も変わらないおとうが、ロープを体にぐるぐる巻いて、事切れるまでがんばるのかな。おかしくない？」
○第二場面：「おとうと与吉じいさの生き方は同じなんだろうか。」
　　　　　　「与吉じいさがもし瀬の主にあっていたらどうしただろうか？」
○第五場面：「瀬の主を殺さなかった。ではなくて、瀬の主を殺さないですんだ。〜しないですんだってどういう時に使う？」
　　　　　　「瀬の主を殺さない決断を最初からしていたのかな？」
　　　　　　「太一がもし与吉じいさに出会わず、おとうの弟子だったら瀬

　　　　　　の主と出会ったときどうしていたのかな。」
○第六場面：「『太一は生涯だれにも話さなかった』と書いてあるけど、本当に言わなかったのかな。父親になった太一は、自分の子どもに何を教えるのかな。」
○全場面後：「海のめぐみと海のいのちは同じかな、違うかな。」
　　　　　　「この題名は海のめぐみでいいのでは？」

　もちろん、面積の授業の時と同様、話し合いのし方を言ったものの、この海のいのちの授業では、違うものを感じた。それは、授業後毎回「今日の自分」というタイトルで、感想を書かせたことから分かる。

○「（今日の授業が）よく分からなかったからもう一回やりたいです。」
○「最初は分からなかったけど、Sさんが教えてくれたから分かりました。」
○「父と与吉じいさの二人がいないと殺さないですむという決断ができないことが分かりました。」
○「言葉の意味がしっかりとつかめたので、読んでいて楽しかったです。『海のいのち』がなければ、『海のめぐみ』もない。なのでいのちを大切にしていく。というのが私（一班）の意見です。いのちを大切にしなければ、めぐみもうけとれません。きっと太一も同じ考えだと思います。意味がよくつかめたので、この話を人に伝えていこうと思います。」
○「最初は、海のめぐみと海のいのちの違いが分からなかったけど、太一は瀬の主に会って、海のいのちを知り、海のいのちを大切にしながら、海のめぐみを決めた数だけとってきた。なので、太一は、海のいのちは大切にするもの、海のめぐみは受け取るものと区別して生きてきたことが分かりました。」
○「この物語はとても深い思い出で、勉強して良かったなと思いました。」

　初発の感想と最後に書かせた感想は明らかに違っていたし、子どもたちにとって、海のいのちは、考えたいものになったのだと思った。やはり話し合いたいものがないと話さないのだということ、話し合いのし方だけでなく、内容も大事なのだということが分かった。今回行った「海のいのち」の解釈が正しいのかどうかは分からないが、言葉にこだわることが大切だと思った。

海のいのちの学習を終えた後、せっかくがんばったのだから、誰かに伝えたいと思い、急遽、3年生に海のいのちを絵本で読み聞かせることにした。自分たちが苦労して読み取ったものを下学年に教えることを目標にし、どのように読んだらよいか読み聞かせの練習をした。子どもたちには「自分たちがこんなに読むのに苦労したんだから、3年生は絶対分からんよ。」と伝えていた。当日子どもたちはよくがんばった。もちろん絵本を見ず覚えて音読している子もいた。何より読み聞かせの後、黒板を使ったり、ノートを使ったりと自主的に3年生の子どもに教え始めた姿は感動した。そして、卒業式の日にもらったメッセージの中に、「先生のおもしろかった授業」があった。その中に、海のいのちが書かれていたことに、あぁ、やってよかったと思えた。やりたいことを見つけるのは、大変なことだけど、何か「これはがんばった」と思える1年にしたい。

(7)　おわりに
　「評価って？」「教材研究って？」「学習集団って？」と、分からないことがたくさんあるけど、これからも私が大切にしていきたいことは、「みんなで楽しく、困った時はみんなで解決する」ことなのだと思う。自分が何をしたいのか、この子どもたちにとって何が大切なのかを考えることからはじめていきたい。

（長谷川清佳）

2　長谷川実践に学ぶ双方向の評価活動

(1)　「評価」をめぐる光と影
　子どもが発した言葉、「いやだ。やりたくない」を、教師に対する「評価活動」ととらえてみたい。少々極端な見方かも知れないが、「評価」というものを問い返す糸口になるだろう。
　これまで、指導的評価活動とは「何より授業の具体的な場面において、子どもたちの表情を読みとり、発言を拾い上げ、それをその都度に評価していく『刻々の評価活動』のことだ」、「子どもたちの思考・表現を絶えず突き動

かし発展させていく『過程としての評価』でなければならない」[1]と言われてきた。

たしかに、指導的評価活動は、子どもをその気にさせ、学級の前向きなトーンをつくり出す。授業づくり・学級づくりにおいて、決して欠くことのできない重要な教育技術である。しかし、あらゆる教育の方法がそうであるように、そこには光だけでなく影がつきまとう。指導的評価活動には、教師の思惑通りに子どもを操ってしまう危うさが常に潜んでいる。

今まさに、こうした評価活動の負の側面に注意を払わなければならない状況が訪れている。周知の通り、1990年前後から、アカウンタビリティー概念などに姿を宿して、学校現場にも市場原理主義・成果主義の価値観が忍び込んできている。OECDのPISA調査をはじめ、国内でも約40年ぶりに復活した全国学力テスト、学校評価・人事考課制度など、成果を測る＝評価する装置が着々と稼働中である。

今、教師は絶えず「目に見える成果」を求められ、評価＝監視されている。「私は立派に成果を上げています」「私の教室には問題児などいません」とアピールすること＝アリバイづくりに血道を上げざるを得ない。質の高い製品（＝子ども）を効率的に生産するための「生産ライン」と、不良品を選別・更生する「検品システム」を整える動きが加速する。それが、今まさに「学校スタンダード」という形で流布されている。

照本祥敬は「そこで展開されているのは、かれらを『あるべき姿』＝『スタンダード』へと駆り立てていく調教である。そこは『スタンダード』に適合する『人材』育成に専念するだけの、一人ひとりの人間的成長や発達を保障する〈学校〉から遠く掛け離れた制度空間になっている」[2]と指摘している。

あらためて問い直さなくてはなるまい。「子どもに対する評価活動は、『調教』になっていませんか？」と。

(2) 評価の主体は誰なのか
① 自他への評価を交わし合う教師と子ども

端的に言って、長谷川実践は、「評価は教師だけの営みではない」ことを思い出させてくれる。

長谷川先生は、「評価が苦手」だと公言し、「その瞬間で、よい場面を切り取って誉めていかないといけないのは分かっているものの、できない」と自

認している。しかし、そのことが、かえって幸いだったかも知れない。往々にして教師（大人）の欲望は、その圧倒的な語彙力や権限によって、「あるべき子ども像（スタンダード）」を子どもに押しつけ、調教し、自在に操ろうとする方向へと暴走することがある。「苦手」だったから、それをせずに済んだ長谷川先生は、逆に優れた教師たり得る。

子どもと日記（コメント）を書き合い、読み合うやりとりは、「一歩ひいて対峙できるよさがある」という。それは、教師が子どもに向き合うと同時に、子どもが教師に向き合うという意味でもある。

Yくんの日記に記された「だから一人にしてください。ごめんなさい。」は、自己に対する評価でありつつ、同時に教師に対する評価と要求である。この時、長谷川先生は初めて「この子も困っているのだ」と感じたという。それは、「子どもからの評価を教師が受け取り、その子や教師自身への評価を描き直した」ということだろう。

「返事をずらずら書く教師」—「日記を長々と書く子ども」。この両者は、自他への評価を日々描き直し、出会い直す営みを生きている。

② 子どもと教師による双方向の評価が活動を方向づける

班日記も同様の機能をもっているが、今度は教師―子どもという一対一関係ではなく、班の仲間たちと教師とが、同時に評価の当事者として躍り出る。もっとも、取り組み始めた頃は、教師が提示した「今日よかった人をみつけて書いたらいい」という提案が、書く＝評価する指針だったらしい。だが、それが絵しりとりに変化していったことに注目したい。

長谷川先生は、「あの子たちにとってよさを見つけることだけはとてもしんどいことで子どもにとって窮屈なのだと感じた。だから絵しりとりというおもしろいものを子どもは自分たちで見つけたのである」と振り返っている。子どもが班日記の内容を独自の価値判断に基づいて評価したから、内容が変化していったのだ。同時に、長谷川先生が「子どもにとっての心地よさ」を見出した。つまり、子どもたちの日々の生活や、班日記という取り組みを評価し直しているのである。絵しりとりは、子どもと教師による双方向の評価活動の産物である。

③ 生活主体・評価主体としての子ども

　こうした子どもたちの変化・成長を、長谷川先生が日々発見し、子どもたちへの評価が刻々と更新されていく。それを学級通信で子どもに「伝える」ということを意識したとき、評価は「指導」としての作用を強く有するようになる。従前の「指導的評価活動」の意味通り、教師のリーダーシップが強く発揮され、学級全体が方向づけられていく契機となるはずである。

　しかし、そういう展開にならなかったという点にこそ注目してみたい。「評価の言葉が入っているかと言われたら、それほど入っていない」と長谷川先生は自認している。確かに、体育の時間のできごと、物語教材の音読のこと、ノートの書き方、給食を完食する取り組み、学級内サークルの展開、どれをとっても教師の指導的評価活動として強力に方向づけている印象はない。

　どの子が、どういう活動を心地よいと感じ、選び取っているのか。つまり子ども自身が自他の生活を評価しながら営んでいる日々の姿を、先生は素直に紹介している。そこには、自らの選び取った取り組みに力を注ぐ子どもと、その姿から感じ取ったことを言葉で返す教師がいるだけである。しかしそれは、教室の営みを価値判断（評価）しながら行為・表現を発展させていく権利と自由が、教師と子ども双方に存することを意味するのだろう。おそらく長谷川学級では、教師―子ども―子ども同士による相互の評価行為によって、互いの生きがいや居場所が相互承認されているように思われる。

　前述のように、指導的評価活動は、一歩間違えば「あるべき子ども像（スタンダード）」を子どもに押しつけ、「調教」するような暴力的行為に荷担してしまう危うさがある。それを回避する鍵は、子どもを生活主体・評価主体としてとらえることなのである。

(3) 大人の論理だけが支配する授業を問う

① 指導的評価活動による授業づくりは誰の願いか

　やがて、長谷川先生は授業づくりに力を入れ始めた。5年生算数「面積」の授業では、めずらしく長谷川先生は自分の願いを前面に押し出している。「初めて班をつくって授業をしてみたい」「『みんながいたから分かったね、がんばったね』という思いをもって授業に臨んでほしかった」と彼女は言う。

　そして、「活発な話し合いが進んでいるところを見つけては『ストップ』と言い、『今、このチームよかったよ。何が良かったかというと、Ｓ２さん

がKくんにどうしてここに線を引いたの？って聞いてたんだよ。これが大事だよね！』『またまた発見！このチームはみんなが発表している人に注目してるから話しやすいね。』『よく話してる所は頭が近づいてるね。』『ここから分からないから教えてというのも大事！』と言った」という。

　こうした長谷川先生の言動は、まさにこれまでの学習集団実践において確かめられてきた指導的評価活動の典型である。それは、教師が発言を拾い上げ、それをその都度に評価していく「刻々の評価活動」であり、子どもたちの思考・表現を絶えず突き動かし発展させていく「過程としての評価」である。この取り組みを通して、みんなでがんばる喜びを一体感を味わうことができたと締めくくられている。

　しかし、面積の学習が終わると発表者がいつもの数名に戻ってしまったという。長谷川先生自身は、「教師の力の入れ具合」の問題だろうと分析している。確かに、そういう側面もあるかも知れない。

　しかし同時に、これまで生活主体・評価主体としての子どもに敬意を払ってきた長谷川先生のスタイルとは違っていたことにも注目したい。先生が発した「○○してみたい」「○○して欲しい」という願いは、子どもの願いと合致していたのか。先生の願いに子どもが付き合ってくれただけだったという可能性はないか？

　ただこの問いは、この授業実践に固有の問題ではない。元来、教科の授業は、どうしても大人の都合で進めざるを得ない面があるからだ。だから長谷川先生も、教師の願いを発し続け、積極的に指導的評価活動に取り組み、この状況を維持するべきだったのかも知れない。だが、それが本当に教師と子どもたちの真の願いなのかどうか、立ち止まって考えてみたいのだ。少なくとも、子どもたちは「この取り組みを肯定的に評価して継続する」という選択をしなかったのだから。

② 　子ども自身の評価と願いにひらかれた授業づくり

　私たちは、往々にしてWhat is supported to be true（何が本当とされているか）をたくさん蓄積することで学びを誤魔化しがちだ[3]。すると、「面積」の実践も、「大人が正しいとみなしている」教材観と授業進行のしきたりを子どもに受容させる営みだったと言えてしまうのではないか。

　だが、私たちは9.11や3.11を契機にはっきりと自覚し始めたはずである。

これまで大人が正解や正義だと見なしてきたもの自体が、実は絶対的なものではないということを。

　長谷川先生は「私にとって国語は厄介な存在だ」と語る。それは、「正解とみなされるものに向かって、一直線に駆り立てられる強引な国語授業」へのアレルギー反応なのではないか。だから、長谷川先生自身が「到底自分一人では解決できないと思ったため、みんなで考えてこの疑問を解決していきたい」と決意したことは、理にかなっている。それは、what is true（何が本当か）を、子どもの疑問と願いに即して問答し、みんなで見定めようとする授業づくりであり、「ただ一つの正しい結論を明らかにする教材研究から、複数の正しいとされる結論を探す教材研究へ」[4]の転換であった。

　分からない所を何度も班で話し合い、授業後に毎回「今日の自分」を振り返る子どもたち。それは、教材に対する評価や、自身の学び方に対する評価、そして授業への願いを表明する権利と自由を、子どもたちに解放したことを意味する。子どもを学習主体・評価主体としてとらえ、問いを分かち合い、意見表明し合う学習集団の授業だったからこそ、「子どもたちにとって、海のいのちは、考えたいものになった」のである。それは、教師と子どもが本来の学びというものに出会い直したことを意味する。子ども自身が、考えたい・伝えたいと願った授業＝取り組む価値があると評価した授業こそが、子どもの生き様をも変えていくのだという事実を確認しておきたい。

(4)　「評価主体としての子ども」への応答

　長谷川学級では、子ども自身が日々の営みをどう受け止め、どう進んでいきたいのかを価値判断（評価）し、意見表明する。それを教師が受け止め、応答していく。これが長谷川実践における指導的評価活動である。

　「困った時はみんなで解決する」という原則が授業に適用されたとき、授業という概念自体が問い直される。誰かが想定したwhat is supported to be trueが強要される授業を乗り越えて、教師と子ども自らがみんなでwhat is trueを探求していく授業づくりへの回路がひらかれるのである。子ども自身が、教材への疑問（評価）をぶつけ合い、自身の学びへの評価と願いを表明することによって、それは為し得る。教師は、子どものがんばりをとらえて素直にコメント（評価）していく。

　こうした教師の営みは、教師の強力なリーダーシップとしての指導的評価

活動とは少々異なる。しかし、子どもたち自身が他者や学びに出会い直しながら、学習集団として立ち上がっていくためには、「評価主体としての子ども」に応答していく指導的評価活動が重要であるということを、長谷川実践は示唆している。

引用文献

1　石田渉「指導的評価活動」恒吉宏典・深澤広明編『授業研究重要用語300の基礎知識』明治図書、1999年、147頁。
2　照本祥敬「『調教の学校』のむこうへ―三つの実践が紡ぐ〈教育〉の物語」『生活指導』（特集：学校の「スタンダード化」をこえる）第720号、高文研、2015年、46-47頁。
3　佐伯胖「『問う』とはどういうことか」教育と医学の会編『教育と医学』726号、慶應義塾大学出版会、2013年、4-5頁参照。
4　子安潤『リスク社会の授業づくり』白澤社、2013年、29頁。

（八木　秀文）

第2章
子どもたちと達成感を共有する班づくり
―― 「班」の再定義 ――

はじめに

(1) 筆者（実践者）について

「まなざしと関わりのある授業づくりを目指して」という研究テーマを掲げ、吉本均の学習集団理論を実践する諫早授業研究会（諫早サークル）に初任時代から参加して22年目を迎えた。2014年度から4年間の予定で長崎県内の離島の小学校に勤務している。本校2年目には、5年生の学級担任と、前年度に引き続いての研究主任を任された。

私は初任のときから、担任した学級全てに願いや思いを込めて名前をつけ、子どもたちと学級の目指すべき方向性、最終的なビジョンなどを共有してきた。これから述べるのは、私が担任した21番目の学級「5年1組宝島」（以下「宝島」と略記する）における実践である。多くのいいところ、つまり「宝」を見つけていこうという願いを込めている。

(2) 地域・学校・学級の実態について

地域は皆が顔見知りで、子どもたちは友達の父母すら「○○ちゃん」「○○さん」など下の名前で呼ぶほどである。もちろん子どもたち同士も下の名前で呼び合い、上級生には「○○兄ちゃん」「○○姉ちゃん」と呼び、横も縦もつながりは深い。

複式学級も多い離島だが、本校は全校児童60名程度で通常学級を維持できている。宝島の男子8名女子5名も保育所時代からほぼ固定メンバーということもあり、高学年ながら男女の仲はかなり良好で、協調性は非常に高い。逆に競争意識はさほど高くない。学習塾などは学校周辺になく、放課後はソフトボールやバレーボールなどの社会体育に参加している子どもが13人中10人という状況である。

1　班づくりと学習規律づくりについて

(1)　班づくりの考え方

「まなざしと関わりのある授業づくり」を達成するために、私が大切にしてきたことは、班づくりである。「『分かるまで問い、追求し続ける学習主体』を育てるためには、授業に取り組む自主的・自治的な集団づくりが要請されるのである。……学習集団を指導することのねらいの一つは、授業に対しての学級集団内部における自己指導力をきずきあげることにある。学習活動をも自らの手で管理し、指導し合っていけるような自主体制をきずきだすことである。学習に対する自主体制を確立するために、班や学習リーダーなどをつくりだし、指導していくわけである。」[1] と吉本均が述べているように、子どもたちを学習主体にするために班づくりをしていくのである。

4月、宝島にとって初めての学習班を組織した。班結成後、昔担任した5年生の学級では1学期の班の解散式で涙した人がいたこと、充実感や達成感があれば自然と涙が出ること、そんな班を目指してほしいこと、などを語って班活動をスタートした。その後、吉本がまとめた「応答し合う関係の質的発展とその指導」[2] の筋道に沿って学習規律づくりをすすめていった。

(2)　対面する関係の指導

班長の意識を高めると同時に班員相互の関わりも高めるために指導的評価活動[3] を入れていく。「L男班は、しっかりおへそを向けて聞いているから話しやすいね。」「K子班のR男は、教室の真ん中を見て回りを見渡しながら発言していて聞き取りやすかったよね。」「G子班長は、おへそを向けていない人がいたから、とんとん、と小さく机をたたいて教えていたね。その小さな合図の出し方もいいし、それに気づいてすぐにおへそを向けたR男君もすばらしいね。」などである。こうやって対面向かいで話したり聞いたりする関係をつくりだしていく。

(3)　うなずき合う（首をかしげる）関係の指導

対面する関係ができてくると、話の内容に納得したときにうなずく子が必ず一人は出てくる。そこで、「W子班長は、話をうなずきながら聞いていた

ね。話しやすかったよ、さすが班長。」と評価する。逆によく分からないとき、首をかしげる子どももいる。そこで「F男班長が首をかしげていたからもう1回説明しよう。」などと評価していくのである。班長という言葉を付け加えることで、当面の班長の行動目標も明らかになる。

(4) 「分からない」を出すことの指導

子どもの「できない」「分からない」には対立・分化がある。例えば、①教室にいない、②教室にいるが席に着かない、③席に着いていても聴いていない、④聴いているけれど問いが分からない、⑤問いは分かったが答えが分からない、⑥誰にも尋ねない、⑦先生に尋ねる、⑧友達に尋ねる、⑨どこで分からなくなったかを相手に伝える、といった違いが見られる。この「分からない」を出しやすいのも班で学び合うよさの一つである。

また、班での全員発言回数を黒板左側に正の字で記録し、どの班が一番回数が多かったかを競わせる。その際、「全員が挙手しているから〇班。」「手をまっすぐ挙げているから〇班の〇〇さん。」「『〇〇君に付け加えて』と接続語[4]で指名を要求しているから〇〇さん。」など、評価しながら班や個人を指名していく。「分かりません。」と皆の前で表明できれば、立派に発言1回として記録されるのである。「分からなかったのでもう一度言ってください。」「班で考えたいので時間をください。」といった要求発言を評価したり、「この意見のおかげで一層理解が深まったね。」と間違いを値打ちづけたりしていくことで、さらに応答関係が育っていく。

こうして学級を子どもたちにとって安心できる場所にしていくのである。

(5) 発問（説明・指示）による対立・分化とその指導

諫早サークルでは、「限定発問（子どもの思考を収束させ方向付けるための発問）」「類比発問（対比や比較を通して揺さぶる発問）」「否定発問（否定や矛盾を通して揺さぶる発問）」を大事にしてきた[5]。このような発問を授業の中に仕組むことで、子どもたちの誤答を含んだ多様な考えを生み出すことができる。このように班内や全体において対立・分化した子どもたちの意見や思考が、共感し合いながら統一されていくという授業を目指しているのである。

⑹ 「接続語で関わり合う」関係の指導

　前述のような授業を目指すため、子どもたちと一問多答の学び合いをすすめていく。そのためにも⑷で触れたように、接続語で関わることができるようにしていく。まずは、「同じで……。」「似ていて……。」など横に広がりそうな接続語発言を優先指名していく。次に「ほかにもあって……。」「違って……。」という縦に深まりが見られそうな接続語発言を優先指名していく。さらに、「質問があって……。」「まとめると……。」「例えば……。」「もし……だったら……。」「前に学習したことと比べて……。」など教科に応じた様々な言い方を子どもたちは発見し、創造していく。

2　班づくり学級づくりのための道具箱

⑴　学級の歴史づくりについて

　学級の歴史づくりは、子どもたちの学習面や生活面における日々の成長を目に見える形で残していく取り組みである。完璧に達成できたときではなくて、できかかったときの達成感を記録していく[6]。さらに次のねらいを指さし、導いていく[7]。個人のことなら白色、班のことなら黄色、クラス全体のことなら桃色の短冊画用紙を用いる。帰りの会で「お宝鑑定」のコーナーを設け、最初は教師が「お宝」、つまり記録するべき達成感の内容を決めて書いていた。

　　「算数の図形の授業であきらめずに考え、11個目の分け方を出したR男君。12個目を出したN男君。すばらしい力でした。これからもあきらめずに宝を探そう！」（4月9日　学級の歴史　白色短冊）

　算数が苦手だと申し送りがあったR男を学級の歴史の最初に登場させている。
　その後、少しずつ自治的に学級を動かすことができるようにと、子どもたちにいくつかのお宝候補を言わせ、教師が「採用」と宣言したものを子どもに書かせるという形にした。次の学級の歴史短冊は子どもたちが自分で提案して書いたものである。

「昨日はU男君が宿題を途中までしかしていなかったけど、今日は全部していました。だから、明日もがんばってください。」（6月4日　学級の歴史　白色短冊　L男）

昨日までの姿と比較して仲間を認めている。きちんと次への指さしもできている。子どもたちは「採用」と言われると「やったぁ！」とうれしそうに短冊を取りに行った。

そのうちに、次のようにクラスの一人一人の様子を全員の達成感として意味づけるような学級の歴史短冊も現れてきた。

「○○君の意見が採用されて、これで全員の意見がお宝に採用されました。だから、2回目の採用を目指してみんなお宝を見つけましょう。」（7月5日　学級の歴史　桃色短冊　L男）

このように子どもたちに主体的に学級の歴史づくりに取り組ませることで、学級を客観的に見る目も育っていった。

(2) 班日記について

班日記とは班員で1冊のノートに交代で書いていく交換日記である。内容はその日にあった印象的なことや自分たちの班のいいところや改善すべきところ、班員に向けたメッセージなど、様々なことを書いていいようにしている。班日記は教師と子ども、さらには保護者も思いを共有できる場になる可能性も持っている。

(3) 褒め言葉のシャワーについて[8]

帰りの会で、日直にあたっている人の「いいところ」をみんなで褒める。それを受けて褒められた日直は感想を言う。

U男が日直の日のことである。宿題を家でしてこないことが多いU男だが、その日の休み時間や昼休みに必ず済ませて提出する姿に「あきらめない」「最後までがんばる人」と皆に褒められた。感想でU男は以下のようなことを照れくさそうに語った。

「みんなはあきらめない人と言ってくれたけど、自分はすぐにあきらめて

しまいます。宿題も学校ではやろうと思っていても家に帰るとやる気がなくなってしまいます。でも、みんなが今褒めてくれたので、あきらめないようにがんばります。」

みんなの前だからこのように語ったのかもしれない。しかし、「こうありたい」という願いは本心だろう。翌日、家で宿題を完璧に済ませて朝一で提出した。このように、みんなから見られている自分と、自分が考えている自分とのずれに気づき、それを宣言することで変わるきっかけになることもある。そのためには、「困った子」（困らせる子）ではなく、「困っている子」へという視点の転換が必要だろう。

このように「宿題」について困っている子どもが宝島には存在した。その困っている思いを担任と学級みんなで共有し、寄り添った実践について詳しく紹介したい。

3　宿題に対する思いと実態

私が赴任した離島においても共働き夫婦が増え、宿題を家庭教育と捉えて任せきるには限界が来ている。学年が上がるにつれ宿題をやってこない子どもが増え、それぞれ担任が苦労していた。宝島の子どもたちも、4年生時代には60分相当の宿題が出されていたようだが、それが苦痛だと感じる子どもも少なからずいたようだった。

そこで、4月当初、あまり多くなりすぎないように配慮しながら宿題を出そうと思った。その内容は、日記を200マス以内に納めるように書くこと、新出漢字を中心に150字マスに練習すること、計算ドリルを1か所やってくること、音読をしてくること、空いたスペースに自学をしてくることである。これをB4用紙両面1枚に集約してできるようにした。

また、意欲を向上させるために宿題のそれぞれの項目を5点満点で評価して返却した。日記は文字数と内容や記述様式、漢字は丁寧さと誤字脱字・余白へのプラス学習、算数は単元に応じた分かりやすく解決する工夫への取り組み・余白へのプラス学習・丁寧さなどの観点を設定し、個人内評価を加味して採点した。すると次第に次のような違いが見られるようになってきた。

　　A群……丁寧で質の高い宿題を完璧に毎日提出する。（3人：K子、G子、
　　　　　W子）

　　　　B群……及第点レベルの宿題を毎日提出する。（3人：L男、J男、M子）
　　　　C群……少し乱雑な宿題を毎日提出する。（4人：F男、Z男、N男、V子）
　　　　D群……質は様々だが、提出しないことが多い。（3人：U男、R男、E男）
　D群のU男は学力は高いが、家庭学習がほとんど定着していない。R男は学力が低く、宿題の取り組みも雑である。E男は学力は低くはないが、集中力が続かない。3人とも前年度までも家庭学習への取り組み方はよくなかったようである。
　教師1人が叱ったり励ましたりするだけでは、なかなかD群の状況は変わらないものである。そこで、集団の力を生かしてD群の子どもたちの意識を高めたいと考えた。
　まず、6月に入ると、宿題の内容を班で考えさせた。このことによって出されるのが当たり前と思っていた子どもたちの宿題へのとらえ方が変化するきっかけにもなった。

　　「今日は宿題をしてきました。それを続けていきたいと思います。前まではテレビを見たりしていたので宿題が遅れました。だけどJ男班長や3班のみんなが『宿題してきてね！』とはげましてくれたからやる気が出てきました。これは全て3班のみんなのおかげです。」（6月17日　班日記　D群　R男）

　この日の班日記は5ページに及ぶ。班日記を使って班で関わる力を高める取り組みが、R男の学ぶ意欲を取り戻すきっかけになっている。
　次に目的意識を高めようとしたその他の代表的な取り組みについて紹介する。

4　宿題への意欲を高めるための取組

(1)　宿題を廊下に掲示し相互評価する

　自分でできばえのいいと思う宿題を廊下に張り出すようにした。取り組みが雑なC群の子どもも他者から見られることを意識し、丁寧に書こうとする。その結果、「初めてオール5点だった！」と喜ぶ姿が見られたり、「今まで見たことないくらい丁寧な漢字を書くようになった」という声を聞いたり

（授業参観に来ていたR男の祖母が、参観の合間にうれしそうに語ってくれた）などの成果が見られた。

さらに自学コンテストと称し、相互評価をし合った。学級の子どもたちや担任はもちろん、校長先生や他学年の先生や子どもたちにも自分が選ぶベスト3を書きこんで投票してもらう。その合計点数によって宿題プリントのベスト3が決まるのである。開始当初は上位群の子どもがベスト3を独占していたが、後半になるとD群の子どもたちも、クイズ形式で答えをめくれるようにしたり、次の日の予習をていねいに書いてきたり、自学部分の質が向上しベスト3に入ることが何度もあった。

(2) 宿題忘れゼロカレンダーの誕生

さらに意欲を高めるために「宿題を全員が10日連続で続けることができたらパーティーをしよう」と持ちかけた。しかし、D群の3人が代わる代わる忘れてしまう。「やる気を出すためには先生が厳しく怒ったらいいのかな。それでたとえしてきたとしても、怒られないためにしてくるだけだよね。それでいいのかな。」という教師の呼びかけに応えて、「先生は怒らなくていいです。ぼくたちで何とかします。」とR男が宿題の裏面に書いてきた。これを機に班長を中心に宿題忘れゼロカレンダーの制作がスタートした。折り紙の一枚一枚に「○日」と書いて貼り合わせていった。その数何と50枚。「そんなに作って、もったいない。10日もいけないのに。」と言う私に「いや、きっといってみせます。」と言う子どもたち。「それなら連続50日なんて大変だから通算にしようか。」と言うが、子どもたちは「連続にしたい」と譲らなかった。

こうして宿題を全員がしてきた日はカレンダーをめくるという取り組みがスタートし、どうにか6日連続までこぎつけた。そんなときD群ではなく、C群のF男が宿題を忘れてきたのである。このときの周りの反応を班日記の文章から紹介する。

「今日、また宿題パーフェクトが0に戻ったね！でも、F男君が正直に先生に言いに行ったのはすごいと思ったよ！」（7月13日　班日記　A群Z男）

厳しい言葉をかけるどころか、この日記に代表されるように正直に言って

くれたことを肯定的に捉えているのである。まさに、まなざしで関わっている。F男は前年度一時期登校しぶりが見られた子どもである。私は「記録が伸びるのはうれしいが、宿題ができていないからと言って学校を休むことはしないでほしい。」ということを日々話していた。だからこの日、F男が正直に言いにきてくれたことが本当にうれしかった。周りの子どもたちが厳しく追及する集団だったとしたらどうだっただろうか。今思えば、F男の勇気はそうならないことを信じていたからこそだったのかもしれない。私も、この宝島の子どもたちなら、この取り組みをいじめや差別の原因にしないことを感じていたからこそ、挑戦したのだと改めて思う。

　しかし、一般的には「うちの学級ではできない」と捉えられることもあるであろう。これは厳しく注意し合う集団による統制ではなく、優しいまなざしによる信頼や励まし合いがどれだけ難しいかを示しているのではないかと思う。だから、記録が続くことよりも、むしろ途切れたときにどう対応するかを考えておく必要がある。

　このように仲間を責めることなく励まし合った宝島の子どもたちであったが、1学期は最長で7日間という記録で終わってしまう。

　迎えた2学期。夏休み明けは完全に学習規律が後退してしまう子どもも多いものである。そこで、班でも連続達成記録を残すことにした。班を単位に評価することで、課題を抱えている子どもだけでなく、毎日忘れずに努力を続けている班に皆の目が向けられ、達成感を得られるようになった。

> 「ついにやりました！F男班長率いる4班（V子さん、N男君）たちが宿題忘れゼロ10日間連続達成です。おめでとう。次は20日連続を目指してください。」（10月9日　学級通信から抜粋）

　4班はB群1人、C群2人という構成である。この班には全体での記録を6日で止めてしまったあのF男が含まれている。そんなF男の班がどこよりも早く連続10日間という記録を達成したのである。他の班も大いに刺激を受け、一段と声かけをし合うようになった。そして、ついに学級全体でも新記録が生まれた。

> 「今日、クラスの宿題連続記録の新しい記録をつくりました。これから

もがんばりましょう。」（10月28日　桃色短冊　D群　R男）

　D群のR男がこれを発言し、学級の歴史になっていることが意義深い。皆もこのことを言いたかったようだが、あえてR男に譲っていた。そんな周りの心遣いもまたうれしい。

「Z男班長とM子副班長のおかげで、ぼくは変わることができました。今ではすぐにあきらめることがいやになるくらいです。」（10月30日　班日記　D群　U男）

　あの褒め言葉のシャワーで、すぐにあきらめてしまうと告白したU男が、あきらめるのがいやになる、と書いている。少しずつD群の子どもたちの意欲が高まったのである。

(3)　個人への評価（クーポン券制度）
　こうして10日連続宿題忘れゼロをクラス全体で達成したわけだが、実はここにもう一工夫取り入れている。班自体の記録は途切れても、毎日がんばっている個人もいるのである。その子たちを放っておいては、せっかくの宿題への意欲を下げかねない。そこで個人への御褒美も加えていった。10日連続で忘れなかった班に渡していたクーポン券を個人の自主学習などでも評価し、渡すことにしたのである。「1000ポイント分で宿題を休んでもいい権利を獲得できる」などの特典も子どもたちと相談しながら作った。上位群の子どもたちがクーポン券を獲得し週末の宿題を減らしたりお休みしたりしている姿を見て、D群の子どもたちもクーポン券を獲得しようと宿題に熱心に取り組んだ。それに比例して宿題連続記録も伸びていき、「一つのことに向かって協力し、成功する」という達成感を味わっていったのである。

　「宿題連続記録がせめて20日は続くまで班の解散は待ってほしい。」と要求してきた子どもたちの声を尊重し、全ての班が20日を達成したのを機に班の解散式を行った。第1期の解散式（6月）では3人ほどしか流さなかった涙を、このときはクラス全員が流すことになった。

「日本中の5年生クラスの中でも、班替えで涙するクラスは数えるほどしかないだろう。自分を変えてくれた班長への感謝、みんなで心を一つにして努力した成果、そんなことを思い起こすと、自然に涙があふれてくるのだろう。その涙をはずかしがる必要は全くない。素直に自分を表現できるクラスであってほしい。涙を流すほど充実した班生活、学級生活を送ったことを誇りに思ってほしい。4人の班長、班員が泣いてくれるほどの毎日をありがとう！」(11月17日　学級通信から抜粋)

　班替えで一番泣いていたのが、ほかならぬD群のU男、R男、E男たちだった。周りの支えで高い壁を乗り越え、一人ではなし得なかった達成感を味わったのである。こうして班替え後も30日、40日と記録が続き、ついに最後の1枚である50日目をめくる日がきたのである。「みんなでめくろう！」と小さな折り紙に13人が手を添えて、わいわいカレンダーをめくる姿は本当にうれしそうだった。
　この間、子どもたちは張りつめてずっと緊張していたのではなく、「宿題お休み権」を使って上手に息抜きをしていた。社会体育の試合や旅行など行事のある週末、母の誕生日など、自分で考え計画的に休むのである。自分で先を見通して家庭学習の計画を立てる、という力もついてきた。U男は「みんなにおわびとお礼がしたい」とため続けたクーポン券を自分のためではなく、みんなのために使った。ポイントを全部はたいて「学級会で自由に遊ぶ権利」を行使したのである。これにより、みんなが大好きなサッカーで汗を流して2学期を終えることになった。
　3学期、まだ続けたいという子どもたちもいたが、連続宿題記録の取り組みを終了した。もし忘れた場合の相当なプレッシャーを考慮してである。

5　授業の実際

　次に示すのは、A群のK子が5年生の最後に書いてきた日記である。

　「私がこの1年間で学んだことがあります。それは『班で協力し合うこと』です。特に、授業のときに班で意見を出し合って協力することが多かったと思います。とっても楽しかったです。」(3月　宿題日記　A群　K子)

班での学習が「この1年間で学んだこと」と呼ぶほどにK子には印象に残っているのである。そこで、授業の様子について少し紹介する。

2学期の算数で帯分数÷整数の授業を行ったときのことである。解決方法として3とおり出てきた。帯分数を仮分数に戻してから分子上で割る方法①、帯分数の整数部分と分数部分をそれぞれ割ってから足す方法②、整数を逆数分数にしてかける方法③である。

D群のR男は「うぅん。」と困っている様子だった。A群のM子班長が「どうした？分からんと？（分からないの？）」と関わっていた。しばらく2人でやりとりをしている。方法③で解決済みのM子が教えようとするがうまくいかない。M子も「ん？ごちゃごちゃして分からんごとなった。」とつぶやきだしている。

そこへ、方法②で解決済みのA群のN男が「どうした？」と声を掛けてきた。ほかの班の班員のうちA群やB群の3人が集まってきて、しばらくみんなでR男のノートを見ている。

その時、他の班の班長W子は「そんなに集まらんでもいいんじゃないの？」と仲間に注意した。このとき私は、「いや、一方的に教えているわけじゃないみたいよ。ちょっと見ておこうか。」とW子に声を掛けた。よってたかって教えられると惨めな気持ちになることを教師の体験談として聞いていたW子班長が発した「そんなに集まらないでも」という言葉かけもすばらしい。しかし、ここで私は教えに行ったはずの子どもたちが悩んでいる表情を見せていたので、わからない子どもに寄り添って考えているのだろうと思い、W子班長のフォローを流すことにしたのである。

そうこうするうちに、N男が「わかった！仮分数に戻さずに割っているよ。一回仮分数に戻せばいいんじゃない？」と気づいた。R男のつまずきの原因は帯分数を仮分数に直せないことに起因していたのだ。自分の考えを押しつけるのではなく、悩んでいたR男の考え方に寄り添うことで、一つのやり方でしか分かっていなかったN男がさらに「分かった」と言える学びを見つけ出した瞬間であった。

6　最後のスピーチから次へのステップへ

　全員が自分の胸の内をさらけ出し、涙ながらに語っていった修了式の日のスピーチからいくつかを紹介する。

> 「宿題忘れゼロカレンダーは、僕のせいで何回も0に戻りました。でも、Z男班長やM子副班長たちが本気で心配して励ましてくれました。そのおかげで僕は宿題をできる人になれました。」（D群　U男）
> 「去年学校を休みがちだったけど、今年は休みたくないという気持ちが強くなりました。これは褒め言葉のシャワーなどで、毎日いいところをほめ合ったからだと思います。」（A群　M子）
> 「私は1年生のときから、迷惑をかけてはいけないと思い、分からないことがあっても黙っていました。でも、5年生になって頼ってもいいんだと分かり、頼るようにしました。」（C群　V子）

　V子は算数において支援の必要だった子どもであるが、「頼れない子」ではなく、「頼らない子」だったのである。日頃から優しい子どもなので、そういう見方ができるということに思い当たるべきだったのだ。逆のレッテルを貼り続けていたことに、最終日に気づかされたのである。仲間と支え合いながら、自立に向けて動き出そうとしているのが救いである。
　このように、全ての子どもたちが達成感を胸に進級することができたのである。
　4月の始業式には「宝島」学級を持ち上がり「ドリーム6年」が誕生した。今年度やってみたいことをアンケートにとると、「宿題忘れゼロカレンダー」がいくつもあった。そこで、「逃げ場」や「特別ルール」を用意することも大事だということを伝え[9]、忘れた人数に応じて金・銀・銅メダルがたまるという方法で合意し取り組んでいる。
　水球日本代表チームの大本洋嗣監督は「7割くらいできたらいい」との思いで指導しているという。「完璧を求めすぎると選手に怒ってばかりになり、お互いによくない」というのである。私もこの考えを念頭に置きつつ、子どもたちとともにまた達成感を味わっていきたい。

註

1) 吉本均『訓育的教授の理論』明治図書、1974年、27頁。
2) 吉本均『学級で教えるということ』明治図書、1979年、27-35頁参照。
3) 吉本均編『教授学重要用語300の基礎知識』(明治図書、1981年) では「指導的評価活動とは、教授＝学習活動に内在して発動される教師による日々、刻々の評価活動のこと」としている。
4) 諫早授業研究会（諫早サークル）では、「同じで」「似ていて」「付け加えて」「質問で」など前の人の発言に対して関わり合う発言を「接続語」と称して大事に扱っている。さらに、諫早サークルでは「話し方・聴き方の階段」という接続語の発展に関わる概念図も生み出されている。
5) 2015（平成27）年8月に開催された第52回諫早授業研究会夏季講座において、宮崎大学の竹内元准教授から「どこから考えていいのか分からないときは限定発問」「どのように考えたらいいか分からないときは類比発問」「子どもの考えが偏っているときは否定発問」という子どもの視点から捉えた発問の考え方も示された。（岡本邦明「諫早授業研究会だより」、No.15-7、2015年8月30日発行、参照。）
6) 粂原昭徳『"学級の歴史づくり"の理論と方法』(現代学習集団研究13) 東方出版、1982年、55頁。
7) 長崎市で学習集団づくりの実践と授業研究サークルをしていた田口幸夫によるサークル会報「Twinkle」(No.40、1995年7月2日発行) を参照のこと。なお、長崎サークルと諫早サークルは、日常的にはそれぞれの地域で例会を持ちながら、年に1～2度ほど雲仙での合宿研究会に集まっていた。筆者も田口の薫陶を受けてきた。
8) 菊池省三『小学校楽しみながらコミュニケーション能力を育てるミニネタ＆コツ101』学事出版、2010年、100頁。
9) 白石陽一「公教育だからこそできることと教育の語り方を問い直す —— 数値的に証明できない大切なことを言語化する取り組み」『熊本大学教育学部紀要』第64巻、2015年、93-103頁参照。

（山口　隆）

7　学級―班の教育思想と班の固有の意義

(1) 山口隆実践の特長

　山口学級の子どもたちは、伸びたがっている。山口の前任校である諫早市の小学校4年生のクラスに授業研究のために訪問した折には、授業参観後の私を4～5人の子どもたちが取り囲み、「どうしたら僕たちの学級はもっといいクラスになりますか？」と尋ねてきた。今回の実践記録にある離島の山口学級を訪問した際にも、フィールドノートを整理している私のところに

子どもたちが数名で連れ立ってやってきては「今回は何ページになりましたか？」などと質問していく。つまり、山口学級では、自分たちを伸ばしていくのは自分たち自身であるという基調の上に、自分たちを伸ばしてくれそうな大人たちを受け入れ、大人たちを自分たちの成長のために協力させてしまう魅力を持った子どもたちが育っている。もちろんこのような振る舞いをする子どもたちが育っているのは、まず何よりも担任教師としての山口自身が「自分たちを伸ばす手助けをしてくれる大人」として子どもたちとの信頼関係と学級の歴史を築きあげているからに他ならない。

(2) 学級一班の教育思想

　山口が自身の実践的力量形成の場として位置づけている諫早授業研究会（諫早サークル）には、「学級一班の思想」とも言うべき教育実践の信条がある。「班は何のためにつくるのか」という問いに対して長年にわたって実践を見せ合い議論し合ってたどり着いた境地が、「学級が一つの班のようになること」である。

　これは、決して全体主義的な管理統制の発想ではない。班がまずもって安心と自信の居場所となることを重視してきたのだから、管理主義では一つの班のような学級には到底なり得ない。また、この実践記録の中にパターナリズム（家父長制的保護主義）を危惧する向きもあるかもしれない[1]。しかし、学習集団づくりの起源がそうであったように、教師が本当に自分たちを伸ばそうとしているかを問い続ける「抵抗主体」として子どもを育てようとしている実践としてこの山口実践を捉えていただきたい。

　だから、この山口実践では、班というものを、机の組み方や目に見える対話的活動に限定して捉えているのではない。個人思考、ペア学習、小集団学習（班／グループ）、学級全体での一斉授業といった学習形態について、その「交互転換」を求めてきたのである[2]。「班で話し合わせください」という学習形態の転換を要求する子どもからの提案を承けての教師との共同決定の場面が山口学級ではしばしば見られる。その一つの表れが、この実践記録の第6節に示されている。4月当初は班などお構いなしの子どもたちが、班の仲間を意識して協働することを学び、そしてさらに班を超える関わりをするようになっている。これを支えているのは、行為の中の省察を繰り返しながら深めてきた教師の刻々の教育的タクトである。

宿題忘れゼロカレンダーの実践は、ゼロ・トレランス（不寛容主義）を思い起こさせると危惧する人もあるだろう。しかし、ゼロ・トレランスと「向かい合うこと」との違いは、髙木啓が言うように、「大人世代が自らを振り返ることなく、思考停止のままで」指導上の権威を振りかざすか否かにある[3]。排他的で野蛮な競争主義や、報酬志向や目的手段関係的な評価は、かえって内発的な動機づけとしてのやる気を削ぐことに陥りかねない。級友との関係を固定的に捉えがちな離島の子どもたちに、民主的で多声的で解放感と意識の集中を伴う発達の物語を成り立たせているものは、山口の教師としての省察である。どんな特別ルールが子どもたちの成長に役立つか、今この学級で実施されているルールや組織はいつその役目を終えるのか、学級のどんな姿がルールや組織の改編の契機となるのか、それらの見通しを教師が見据えて子どもたちの要求を組織しているのである。

(3) 班の固有の役割

　筆者は班の編制原理として包含除方式と等分除方式という類型を示したことがある[4]。例えば、4人組の班が6つある学級があったとしても、4人組で班をつくりたい（班の数は問わない）という発想と、6つの班をつくりたいので1班あたりは何人にしたらよいかという発想とでは、そこで構想される授業の展開も班の役割も自ずと異なるものとなる。

　それらの違いを承知であえて言えば、子どもたちが自分の班で引き受けられる他者の人数（量）と相互作用の中身（質）が今この班員の力量にかなったものになっているかが問われなくてはならない。とても引き受けられないほどの重さを持った子どもを班長任せにしてしまってはいないか。一方で、子どもたちで助け合えるのにもかかわらず、教師や補助指導員が頻繁に対応することで、かえって子どもたちの関係性を断ってしまってはいないか。

　これまで「学級＝班の思想」について語り、班の編成原理について語った。しかし、班は一斉授業の下請け機関に留まるものではない。班には、学級全体での話し合いとは異なる、固有の役割がある。それは、自分たちで支え合おうとすること、そして自分たちだけでは引き受けることができない事柄については他班や教師に助けを求めることである。授業場面で言えば、自分の「わからない」だけではなく、班員の「わからない」を引き出しているかが問われる。そして、班では解決できない「わからない」を学級に向かって押

し出しているか、「正解」とは異なる答えや自分とは文脈が異なる意見を班で吸い上げて学級全体に返しているかが問われる。もちろん、各班で出た全ての意見をクラス全体で検討することはできないので、自分たちが高まっていくためにどの考え方に限定して全体に押し出すのかを子どもたちが試行錯誤しながら吟味することになる。

(4) 教師の働きかけを保留するための班

　教師が今議論させたいと思っていることと、子どもが班で尋ねたいと思っていることとの間には隔たりがあることが多い。たとえば、「先生は今何て言ったの？」といったことについても、子どもたちは気兼ねなく尋ね合えているのだろうか。

　逆説的ながら、教師が思慮深くあるためには、教師が教室のすべてを掌握しなければならないという強張りを解く必要がある。子どもたちのつぶやきを細大漏らさず聞き取り、机間巡視でノートの書き込みまで掌握し、班話し合いさえも教師が仕切り、つまずきのひとつひとつに細やかに対応したい──という、誠実な教師の一見すると真っ当と思える欲望を、むしろ保留しなければならない。一たび班に任せたら、そこは子どもたちの世界であるという腹の括り方が求められる。班内での語り合いの渦から子どもたちが何を吟味し何を押し出してくるかをあてにし楽しむことによってこそ、教師は省察的実践家としての深まりを味わうことができるのである。

註
1）パターナリズムを問い直す視点として省察的実践の意義を提起する論考としては、安部芳絵、『子ども支援学研究の視座』、学文社、2010年、参照。
2）吉田茂孝、「特別支援教育における『学習形態の交互転換のある授業』モデルの構造」、『高松大学研究紀要』、第52・53巻合併号、2010年、187-200頁参照。
3）宮原順寛・髙木啓、「生徒指導における体罰と不寛容主義 ── 指導行為に内在する権力性と暴力性をめぐる議論を通して」、『長崎県立大学論集』、第42巻第3号、2008年、109頁参照。
4）宮原順寛、「授業における班編成原理の再考」、中国四国教育学会編、『教育学研究紀要』、第57巻第2号、2011年、523-528頁参照。

　　　　　　　　　　　　　　　　　　　　　　　　　　（宮原　順寛）

第3章

魅力ある発問づくりにつながる教材研究
──「発問」の再定義──

1 大阪サークル（授業をつくる会）の活動を振り返って

はじめに

　私たち「学習集団づくり研究会・大阪サークル」（授業をつくる会）では、吉本均先生が提唱された「学習集団づくり」による授業研究に取り組み始めて40数年という月日が経過している。既に退職している諸先輩の先生方が、宮島合宿研などに参加して「学習集団づくり」の理論や実践を大阪に持ち帰り、授業研究サークルとして立ち上げたことが、今日の授業をつくる会の活動の起点になっている。私自身も新規採用と同時に「学習集団づくり」に取り組んでいた先輩方の学習会に参加させてもらうようになり、現在も実践を積み上げていく原点に「学習集団づくり」がしっかりと位置づいていることを感じている。

　大阪の学習集団づくり研究会では、学習規律の形成や発展、指導的評価活動の在り方や子どもたちの学習や生活の実態に寄り添いながら一人ひとりの子どもたちに居場所を感じさせられるような学級づくりなど、様々な「学習集団づくり」のキーワードについて議論を交わしながら実践を進めてきたが、とりわけ、豊田ひさき先生をはじめ多くの大学人のご指導も受けながら「教材研究」と「発問づくり」にこだわって研究を進めてきたという印象を持っている。毎月取り組んでいる定例学習会の中でも、様々な教材について深く掘り下げた教材研究に取り組む歴史を積み重ねてきている。

(1) 「ごんぎつね」の教材研究

　例えば、「ごんぎつね」の教材研究に取り組んだ時には、以下のような学習会の記録（抜粋）が残されている。

　①兵十の仕事は何？　　※時代が江戸時代であることを前提に考えていった。

【ヒント】鉄砲を持っているが…
　以下の二つの立場に意見が分かれた。

ハンター（猟師）と考える理由	百姓と考える理由
・百姓なら銃はいらない。 ・兵十のモデルになった人がいて、その人は狩猟とか魚釣りの名人だった。 ・この人は、田をすく名人で、ハリキリ網や猟もうまかったらしい。 ・田すきがうまかったから貧乏にはならない。	・江戸時代の農民は、五人組などで一揆を起こすような力はあまり持っていなかった。だから、鉄砲も持てたのではないか。

☆この作品は南吉が中学校時代に書いたもの。その時の作風としては、見たものや確かめたものを元に書くということであった。
　　⇒中山家にあった火縄銃を見た
　　　地元の権現山の狐塚　　⇒こういった経験を元に書いたのではないか？
・縄をなっているのは、火縄銃の縄ではないのか？
・物置で縄をなっているから百姓ではないか。
・南吉は茂平じいさんと小さい頃から遊んでいて、彼をモデルに兵十ができ上がったらしい。
・物語に書かれている兵十の生活環境を見ても百姓と考えるのが妥当なのではないか。
・兵十の主たる職業は百姓だろう。
☆農閑期には、時に応じて狩猟もしていたのではないだろうか。半農半猟。ちなみに「大造じいさんとがん」の大造じいさんも百姓だった。
☆舞台は、愛知県半田市（岩滑新田）。南吉が半田市を舞台に17〜18歳で書いたものらしい。従って、南吉が生まれ育ったところとの関係が深い。生まれ育ったところとダブらせて書いていると考えられる。
☆半田市周辺がモデルになっていることを考えると、百姓の線が強いようだ。
☆「縄をなう」という作業は、お百姓さんたちが農閑期にする仕事の典型。
☆鉄砲は、農閑期などを利用して狩猟をするのに使っていたのだろう。ハリキリ網も同じようなこととして考えていいだろう。
　－中略（②③④）－

⑤「ごん」という名前はどこからついたのか
・草稿の段階では「権狐」となっていた。
・鈴木三重吉さんが「ごんぎつね」と書き直した。
　ⅰ）近くに権現山の存在。六蔵狐と呼ばれる狐がいたらしい。
　ⅱ）知多半島にある鐘つき池。鐘を打つ「ご〜ん」「ご〜ん」という音がなる。
　ⅲ）中山さんのおばあさんから昔話を聞いていた。
⑥子ぎつね、小ぎつねの違い
Q　なぜ「子」と書かないのか？
Aⅰ「わたしが小さいとき」、「小さなおしろ」、「小ぎつね」と続いている。
Aⅱ　狐が親から離れるのに2〜3年かかる。そして、ひとり立ちはしたが、もう少し幼さが残っているからだろう。
Aⅲ　体は小さいがかなり悪知恵が働く。だから結構成長したきつねではないか。
Aⅳ「ごん」自身が自分のことを「ワシ」「俺」という言葉を使っているので、結構成長しているのではないか。
Aⅴ「一人ぼっちの兵十か」と共感するところはませているが、いたずらの内容は結構幼い。

(2)「ベロ出しチョンマ」の教材研究
　以前行っていた学習集団づくり夏季1泊研究会では、各地からの参加者が周りを取り囲む中で、「ベロ出しチョンマ」についての大阪サークルの教材研究を公開で行った。大阪のメンバーから10数名がテーブルにつき、それぞれが事前に調べてきた資料を基に議論をぶつけ合ったのである。以下はその記録の冒頭部分（抜粋）である。
・今日は、大阪サークル（授業をつくる会）が普段実際にやっていることをやってみようと思っています。この会では月に1回、勉強会をしております。一つは、学級の悩んでいること、それからAちゃん、Bちゃんをどうしたらいい、などを中心にやっております。二つ目としましては、教材研究です。教材研究は半年かけて1本やっております。今日やる「ベロ出しチョンマ」は、前回の勉強会で20分ほどでしたけど、どんなところがわかりにくいのやろう、どこから調べようかなということを、以下のように出し合いました。

- この話は再話なのか、斉藤隆介が創ったものなのか。この話はいつの話なのか。
- お手元に教材があると思うんですけども、1の場面のところ、千葉県の花輪村はどこにあるのか、今の地名は？ベロ出しチョンマはどんな人形か、実際にあるのか。
- 2の場面で、季節と時期はいつなのか、この当時のしもやけの治療法は？父ちゃんも母ちゃんも忙しかったとあるが、何に忙しかったのか。
- 3の場面に入りますと、油薬ってどんな薬か、年貢のカタカナの意味は、逃散とはどんな意味か、強訴とは？牢屋のカタカナの意味は？
- 4の場面で、おじさんたちも誰も来なくなったということは、父ちゃんと一緒に行ったのか？父ちゃんは何をしたのか？父ちゃんはどこで捕まったのか、名主の暮らしは、どんな立場なのか、木下籐五郎とあるということは、身分は？母ちゃんが「知っていました…」と嘘を付かないで正直に答えているのはどうして？
- 5の場面で、長松は刑場で初めて父ちゃんを見たとあるがどうして？同じような白い着物を着せられてというのはどうして？とっても優しい目だったのはどうしてか。竹矢来とは？刑場の様子を村人に見せることは意味があるのか、役人のねらいとは何か、どうして子どもまで殺すのか、突き役の非人とは？長松は自分も怖いのにどうしてベロを出したのか？村人が泣きながら笑った、笑いながら泣いたのはどうして？小さな社を建てるのはどうして？処刑の日は1日という切りのいい日に行われていたのか、小さな社と花輪村の木本神社の関係は？

　この後、約一時間半に渡って、サークルのメンバーがそれぞれに調べてきたことを基に議論を交わしていった。このような形で、毎月の定例学習会の中で、教材研究についての意見交換の経験を豊富に積み上げていくことで、個々の教員が教材についての取材・研究の力を充実させていくことができたと考える。

　しかし一方で、実際の授業の中で子どもたちと一緒に授業をつくっていく上では、教材研究を深く掘り下げ、教材についての様々な情報を豊富に持っているだけでは、子どもたちにとって「わかりやすい」授業にはつながらない。教材研究で明らかにしていった「教えたいもの」を、どう「学びたいもの」にしていくのかという「発問づくり」の領域については、また別の視点

が必要になってくることが見えてきたのである。
　とはいえ、これまで振り返ってきた大阪サークル（授業をつくる会）での複数の仲間との教材研究の場を豊富に積み重ねていくことが、発問づくりという領域に進むための基本となる大変重要なステップであるということは、これまでの経験の中で強く実感することができた大きな成果と言っていい。また、教職経験の多少にかかわらず、労力さえ惜しまなければ誰もがしっかりとした成果をあげられるということも、次につながる達成感を得られるという意味で、値打ちのある取り組みだと感じている。教材研究に取り組む者自身が心から楽しみながらその教材について深く理解したり「教えたい」ものを自分の中にしっかりと持ったりすることにつながっていくのである。

2　教材研究で見えてきたものを「発問づくり」に活かす

(1)　「はじめて小鳥が飛んだとき」の発問づくり

　教材研究が子どもたちにとってのわかりやすい授業に活かされていくためには、それを踏まえた上でどのような「発問づくり」につなげられていくかということが問題になってくる。ここでいうわかりやすい授業とは、授業や発問のレベル自体を下げるということではなく、子どもたち自身が「考えやすい」と思える授業や発問にしていくことである。「誰もが答えやすい」ではなく「誰もが考えやすい」ということでなくてはいけないと考える。
　そのための一つの方向性として「きっかけを活かして問う」ということがあげられるのではないだろうか。「はじめて小鳥が飛んだとき」という詩の教材がある。はじめて小鳥が飛んだときに「森はしいんとしずまった」ところで、「どうして森がしいんと静まったのでしょう」と問うよりも、「森の中で静かにしているのは誰でしょう」と問うことで、森の中の様々な生き物や、場合によっては風や土や川を流れる水までもが小鳥を見守って静かにしている、と子どもたちは発言していく。ここでは、様々な理解の違いがあっても「森の中にいるもの」ということをきっかけに、多くの子どもたちが考えやすく同時に答えやすい問いになっている。さらに、「そんなにたくさんのものが静かにしているのはどうしてだろう」という、本来考えさせたい事柄につながるきっかけになっていく発問として機能しているわけである。同じ教材で、「心配しないで」とやさしくかたをだいてやったかあさん鳥と、「さあ　おと

び」とぽんと一つかたをたたいたとうさん鳥の行為が「同じか違うか」という問いは、見た目には違うが小鳥への思いは同じとか、小鳥が感じた不安に向けての行為がかあさん鳥のもので、うれしさに向けての行為がとうさん鳥のものという、「違いの中にあり似ていることころ」と相反するものが同居するところに子どもたちの意識を持っていくことができ、子どもたちにとっては知的に楽しい思考を経験できたようだ。

(2) 「大造じいさんとがん」の発問づくり

　「大造じいさんとがん」では、大造じいさんが残雪の率いた群れに対して特別な方法に取りかかろうとする場面。以前は「大造じいさんの特別な方法とはどんな方法ですか」という問いを使っていた。ところがこの問いでは、クラスの中で特定の子どもしか発言できないということがあった。「特別な方法」を説明することが要素としてとても多くの内容を含んでいたために、授業以前にこの部分の内容をしっかりと読み取れている子どもにとってのみ「答えやすい」問いになっていたのではないかと考えた。そこで、この場面の発問を「大造じいさんは何を持って沼地へ出かけていきましたか」とすることで、持っているものを見つけさえすれば答えられるので多くの子どもたちにとって「考えやすい」問いになり、「くい」「たたみ糸」「たにし」「うなぎつりばり」などと発言が広がっていくようになった。さらに、たたみ糸、うなぎ釣り針については実物を用意してみた。当時既にたたみ糸は、大造じいさんが使ったものとは違う材質のものしか使われていなかったので、全く同じものとはいえないが、畳屋さんに行って訳を話すとたくさん分けてもらうことができた。うなぎ釣り針については、釣具屋さんで色んなサイズのものが販売されているので、店員さんに仕掛けのことを話して適当と思われるサイズのものを探してもらった。がんがどのようにして餌を食べるのかということについても、天王寺動物園のがん・かも科の飼育担当の方に取材をした。仕掛けのことを尋ねたところ、「はっきりとしたことは言えないが、殻を噛み砕いて食べるのではなく殻ごと鵜呑みにして食べるというがんの生態から考えて、うなぎ釣り針とタニシは、離れたところにあるのではないか」という回答を得た。このような教材研究を踏まえると共に、「限定して問う」ということを心がけることでこの発問ができたのではないかと考えている。つまり、大造じいさんが特別な方法を思いついてそのために必要なものを

持って猟場に出かける時、大造じいさんが手に持っているものと「限定する」ことで、その場面を子どもたちが視覚的にイメージしやすくなり「考えやすく」なったと考えられる。この場面を映画として撮影するなら、どんなシーンにするだろうかということから考えることができた発問である。

「大造じいさんとがん」では、サークルの先輩が行った、傷ついた残雪に対して大造じいさんが手を伸ばした場面での発問も紹介しておく。「大造じいさんが手を伸ばしたのは両手か片手か」を問う。あるいは、その時の大造じいさんの手の伸ばし方を動作化させるとか、手のひらの向きに注目させるなどの「限定」をすることで、この時の大造じいさんの思いを「大造じいさんの気持ちは」と問うことをせずとも、自然に大造じいさんの思いに迫っていくことができる。これも学習会で先輩たちとの議論の中でよく話題になったことではあるが、登場人物の気持ちに迫っていきたいときに「〜の気持ちは」という問いを用いるのは、その部分をすでに読み取っている子どもにとってはとても活躍しやすいことにつながるが、まだ十分理解できていない子どもたちにとってはとても考えにくい発問になるということである。そんな場合にこそ「五感に訴えるような発問づくり」が大切になってくる。「気持ちは？」と問うのではなく「どんな顔（表情）をしている？」とか「どんな仕草（行動）をしている？」と視覚的に捉えやすい事柄をきっかけにすることで、「気持ち」に迫っていきやすくなっていったのである。音やにおいなどに目を向けさせることによって場面のイメージを豊かに捉えやすくなるようなこともあるのではないかと考えている。

(3) 「あとかくしの雪」の発問づくり

さらに「あとかくしの雪」という教材では、百姓が大根を一本盗んできて食べさせてやった大根やきを旅人がうまそうに食べる場面で、「"しんからうまそうに"の"しん"を漢字で表すとしたら？」という発問をする先輩の実践もあった。「芯」「新」「信」「真」「親」「心」など、子どもたちはそれぞれがなぜその字を考えたのかを語っていくことになるが、それが結果的に旅人の心情に迫っていくことになる。子どもたちが考えた字はそれぞれ違ってはいて、意見が分かれているようにも見えるが、それぞれが旅人の心情を理解するのにお互いの意見を補い合えるような形になっているところも、この発問の優れたところだといえる。このように、何に焦点を当てて問うことが登

場人物の心情のような目に見えにくい事柄に迫っていくことにつながるのかを構想する作業こそが、「発問づくり」の重要な要素になっていると考えられる。また、子どもたちの意見の違いが、広がりとして生まれていくような要素を含ませることも重要なエッセンスの一つといえるだろう。

　また、学習集団づくりにおける「発問づくり」では多様な個性を持った子どもたちにとって「これなら自分にもできる」と感じながら取り組めるようなものであることも非常に重要な要素になってくる。これまで上げた実践例の発問にも、もちろん、この発想が活かされていることは言うまでもない。

⑷　「持久走」での発問づくり

　体育の「持久走」では、ペースランニングという方法を考えた。これは、一定の距離（50mが理想的）を往復する形で10往復の持久走（1000m走）に取り組ませ、そのラップタイムを記録する。1往復（100m）のラップタイム目標値を自分の走力に合わせて設定させ、十回のラップタイム測定値との差を合計し、その合計値を100から引くことでその回の走り具合を得点化するものである。目標ラップタイム通りに10往復することができればその時の走り具合は100点ということになる。走力の違いとは関係なく自分の走力に見合った目標に向けて持久走に取り組ませることができる。場合によっては長い距離を走ることが困難な子どもであっても、一定のペースで歩くことでこのペースランニングになら取り組むことができる上に、満点を記録することも可能になってくる。

　体育の場合、題材に取り組ませる際の方法やルールが発問に相当すると考えられる。多様な個性を持った子どもたちが取り組ませ方の工夫を考えることで、同じ土俵で自分なりの力を発揮できるような場を設定することこそ、重要な「発問づくり」の側面と考えられる。

3　教材研究、発問づくりと授業の実際

　ここまで、魅力ある「発問づくり」につながる教材研究ということを、これまでの大阪サークル（授業をつくる会）での取り組みで振り返ってきたが、授業を魅力的な場にするために必要な事柄として、子どもたちとの学級づくりが、楽しく、安心感と達成感にあふれたものになっていることが何よりも

重要な課題と考えている。そこに、ここまで述べてきた魅力ある「発問づくり」につながる教材研究が重なっていくこと。この両側面は、決して切り離すことができないものだと考えている。そういう意味でも「学習集団づくり」における「学級づくり＝授業づくり」という構図は、どちらか一つが欠けても深化することが難しいと考えている。

(1) 「アレクサンダとぜんまいねずみ」の授業実践
　次に紹介する実践は、２年間の積み上げの中で子どもたちと一緒に「授業づくり＝学級づくり」に取り組んだ、２年生国語の授業記録の一部である。授業者が授業の中で意識していた事柄や考えていたことなども記録として書き込んでいるので、魅力ある「授業づくり」の重要なヒントになる部分が含まれているのではないかと考えている。
　尚、Ｐは子どもの発言、Ｔは教師の発言、枠線で囲んだ箇所は、授業者が授業前から一枚指導案上で検討していた子どもの様子や対応など、【　】は授業の中での刻々の教材解釈として対応を変えたことや事後の評価などである。

－導入部分略－
Ｐ：(本時の場面の音読二人目)

> みんなの前で発表することが極端に苦手になっていた児童。この教材に入ってからも、書き出しなどはよくしているのに、なかなか発言することがなかった。前の日まで、何度か休み時間などに、書き出しを手がかりに発言を促すような声かけをしていたが、この日は、「無理して発表しなくていいよ」と話してみたところだった。自分から立った（自由発言方式）のが視界に入ったので、目で確認の合図を交わしてから指名した。

【驚くほどはっきりした声で、抑揚をつけるなどの工夫もしながらしっかりと文章を読んでくれたのでとてもうれしかった。読み終わったときに、よくやったね、上手だったよと目で合図を送ると、非常に満足そうな表情を見せて席に着いてくれた。】
－中略－
Ｔ：アレクサンダが胸をどきどきさせてるんだね。どうしてそんなにどきどきしているの。

> 　前時の復習のつもりで出した発問。「前の時間に何がありましたか」的に聞くよりも、本時の中身から聞いていった方が自然な形で授業がつながっていくだろうと考えている。

P：ぜんまいねずみにかえてもらえるから…うれしくて…どきどきしていた。
【自分の言葉を確かめながらていねいに発言している様子がよく分かった。】
P：あのさ、この前に⑥の場面のところで、ウィリーが捨てられていたところで、「どうしたの」と聞いたところで思ったんだけど、それでもぜんまいねずみにかえて欲しいのかなって思った。
【前時にも問題になった部分だったが、本時の文章から結論を先取りして発言をしている感じだったので、うなずくだけにして聞き返さなかった。】

> 　わからないことを「わからない」と質問できたことを評価し続けることで、授業の中身に対してとても素直に参加をしてくれるようになっていった子。本時でも、授業の主題に迫るところで「わからない」を自分から出してくれ、この子らしい穏やかな表現で「自問」に対して自分なりの考えを出していくなどの活躍をしてくれる。

P：ぜんまいねずみにはやくなりたかった。
T：それでどきどきしていたの？
【元の発問に戻って発言してくれたので、話に戻っていくことができた。】
P：本当にかえてくれるのかなってちょっと心配だった。
P：どきどきだけじゃなくて、ワクワクしていたと思う。
P：どんな気分かなって思っていた。
T：（ぜんまいねずみに）かわってみたらっていうこと？
P：うん。
T：みんな、いっぱいぜんまいねずみになれたらということを言ってくれた。けど、ぜんまいねずみになるために要るもの、忘れていませんか。
P：むらさきの小石。
【たくさんの子が付け足しをしたがっていたが、前の場面で小石が見つかったというところに考えを結び付けられていない感じの子がいたので】
T：これが（といいながら、用意していた紙のむらさきの小石を黒板に）いるはずですね。これを⑥の場面でずうっと探していて、最後に？

P：見つかった。（P：同じですと同意の声が上がる）
T：見つかったんだね。そしていよいよ、ぜんまいねずみになれるかなあというところなんだね。
P：大事なむらさきの小石を腕にしっかり抱いていた。
【次に聞いていこうと考えていたところを発言してくれたので、自然な形で発問に入っていけた。】
T：（黒板の小石を指しながら）これを、どんなふうにして持っていたの。
P：しっかり抱いていた。（たくさんの子がつけたしをしたくて立ち始める）
【その中で、立ちながらすでに動作化を始めかけている子がいたので指名した。】
P：忘れちゃった。
T：今、Pはアレクサンダになって発表しようとしていたんだよ。
【と言いながら、他の子を指名してから、Pのところにそっと近づいていって「今、言いかけたことをそのままでいいから次に発表してごらん」と励ましてみた。】
P：しっかり腕に抱いていたから、落としたらあかんから、落ちないようにぎゅっと持っていた（Pが自信を取り戻して立ち上がってくれたのを確認して）。
T：Pが思い出してくれたよ。
P：（腕の前で何かを抱くような格好をして）こんなふうにしながら持っていた。

> この場面で座ってしまったままでいると、この授業時間中、自信をなくしたままになってしまうだろうと思ったので、比較的長い発言を期待できる児童を意図的に指名して、声をかけに行く時間をつくってから机間指導にまわった。結果的にこの発言につながり、このあとも、この子はしっかりと授業の中に入り込んでくれた。

T：片手で持っていたんじゃないの。
【大事に持っているという気持ちをさらに引き出すために、片手か両手かという形での対比をさせることで深まるのではないか、とこの瞬間に思いついたものである。】
※「大造じいさんとがん」の実践を学んでいたからの発想だと考えられる。

P：片手で持ってたら、すぐ落ちるからあかんと思う。
P：例えばガラスのコップでな、一番大事にしてるとするヤン。それでな、片手でこうやって（片手で持つ仕草を動作化）持ってたら、するっとすべって落ちたら困るヤン。だから、それと同じで（両手で持つ仕草を動作化）こうやって抱きしめるようにきつく持ってると思う。

> 先に紹介した「わからない」を評価することを積み重ねてきた児童。詰まり詰まりではあるものの、自分の言葉を確認しながら長い発言ができるようになってきてくれたことがとてもうれしかった。

P：手で持ってて、人間にしたらすごく小さい小石やけど、アレクサンダにしたらちょっとでかい感じがするから、落としそうやから（抱きかかえるような仕草を動作化）両手で持ってる。
P：それとな、むらさきの小石がないとな、ぜんまいねずみにかわられへんからな、片手で持ってたら、どっかで落としたらかえてもらわれへんからな……。
P：片手で持ってたら落ちるときあるヤンか。走ってたりして。両手でしっかり抱いてたら、そんなに落ちへんヤンか。だいたい小石やからこれくらいの（手で大きさを示す）大きさやろ？（反対側の子から「このくらいってどれくらい？」と言われて、そちらを向き直してもう一度手で示す）

> なかなかみんなの前で発言ができなかった児童。発言できたことを丁寧に評価し続けるように心がけていたところ、特に今回の教材に取り組む過程で成長してきた部分が大きく、このような質問に対して対応しながら発言できたのは正直驚いた。

P：だから、アレクサンダの手にちょうどやから、両手で抱くようにして持ってる（最後に抱いているところを動作化で示す）。
T：大事に大事に持っているねんね。
P：もし小石を落としたら、また探さなあかんヤンか。また探さなあかんの大変やんか。だから両手でこんな風にして（抱きかかえるような仕草を動作化）ぎゅっと抱きしめてると思う。
－後略－

(2) まとめ

　子どもたちと一緒に「授業づくり＝学級づくり」に取り組んでいくことを続けていく中で、子どもたち自身が自ら問いを出して授業をつくることにかかわってくるようになることを経験させてもらった授業の一場面である。教師自身が準備していた発問以上に効果的な問いを子どもたち自身が出してきてくれることもある。教師の発問は、子どもたち自身が自ら問いを発見していく力を育んでいくためのツールとして機能していくことが、その大きな目的になっていくのではないだろうか。

　今後も、サークルの仲間とともに学習集団の授業づくりの理論と実践の力を積み重ねていくことを通して、これまでご指導いただいた吉本均先生をはじめとする吉本門下の大学人や、私たちを「学習集団の授業づくり」に出会わせていただいた大阪の諸先輩方への感謝を示しながら自分たちの実践の力を伸ばしていくための研究に取り組みを続けていきたいと考えている。

（小泉　靖）

4　【解説】　発問の再定義

(1)　大阪サークルがまなざしを向ける子どもたち

　大阪の学習集団づくりを、小泉さんは、本稿の冒頭で以下のように述べている。
　　①子どもたちの学習や生活の実態に寄り添いながら
　　②一人ひとりの子どもたちに居場所を感じさせられるような学級づくり
　　③「教材研究」と「発問づくり」にこだわった研究

　大阪での学習集団づくり研究の基底にあるものは、子どもたちの人権の尊重である。サークルのメンバーには、1970年代から校区の学校での障害児教育を進めてきた市[1]、被差別部落人口が全国でも突出している大阪にあって校区に同和地区を有する学校、歴史的背景から在日コリアンが多く居住する市、子どもの貧困率が全国第2位の大阪[2]にあって保護者の所得や子どもの学力が厳しい地域（大阪の「南北問題」などといわれる）で教育実践を行う、幼児教育～中学校までの教師がいる。目の前の子どもたちは、子育てに困難を抱える家庭状況で、例えば、家庭での文化的な活動（図書館に行く、ニュー

ス番組を見るなど）も少なく、学力や進路希望に少なからずの負の影響[3]を背負わされている。それは、かつて吉本均が広島で、豊田ひさきが大阪の各地の小中学校[4]で学習集団理論を深め、広めたことに象徴される「周辺」や「底辺」に置かれた子どもたち（＝大阪ではしんどい生活を背負わされた子として、愛情を込めて「しんどい子」と呼ぶ）への「まなざし」であり、今なお欠かすことができない。

　吉本は学力について、「たえず仲間との相互作用－問答を必要とし、その過程で、つねにいっそう精密になっていく相互作用関連のシステムにほかならない」[5]と述べている。とすると、大阪での「相互作用関連」とは、障害のある子も、在日外国人の子も、同和地区の子も、貧困による諸課題を背負っている子も、ひとり親家庭の子も、みな同じ教室で学んでいいのだということである。先般の月例学習会でも、障害児が原学級（通常学級）で、得意の記憶力で活躍する算数の授業映像が紹介されたし、メンバーの指導案は、しんどい子やマイノリティの子を、決して一人も見捨てない。こうした中で、どのようにして「相互作用」を起こすかというのが「発問」であり、発問によって「先生、○○ちゃんにも聞いてみたいからちょっと待って！」とストップ発言（＝授業規律）が生じるような学習集団づくりを構築することが、大阪のこだわりでもある。

(2)　**教材づくりと発問づくりの視点〜教えたいものを学びたいものに〜**

　「ごんぎつね」の教材研究では、時代、職業、道具、場所、名前の由来の検討から始まり、草稿や原典のチェック、教科書版としての変更点も検討している。それは、「ベロ出しチョンマ」の教材研究で、「Aちゃん、Bちゃんをどうしたらいいだろう」と語られているように、漠然と教材を読み込むのではなく、授業へのレディネスが十分でないしんどい子も豊かにイメージできるためのものなのである。「ごんぎつね」では知多半島までフィールドワークに行き、「ベロ出しチョンマ」では成田で人形を買ってきた者もいた。

　こうした研究は教材に対する知識を多くするのが目的ではない。小泉さんは、「経験を豊富に積み上げていくことで、個々の教員が教材についての取材・研究の力を充実させていく」と言っている。つまり、教材研究力を学んでいるというのだ。また、「様々な情報を豊富に持っているだけでは、子どもたちにとって"わかりやすい"授業にそのままつながるわけではない」と

も言っている。教材研究で得た「教えたいもの」を、子どもたちの「学びたいもの」にしていく＝「発問づくり」は、別の視点が必要になるという。

　そこで、「はじめて小鳥が飛んだとき」では、わかりやすい発問について、「授業や発問のレベル自体を下げるということではない」「誰もが"答えやすい"ではなく、誰もが"考えやすい"ということでなくてはいけない」と述べている。知識を問う点検的な質問では、そのレベルを下げることで全員が発言できる。しかし、対立や分化、まちがいやつまずきで議論を巻き起こし、真理を追究していきたい学習集団の授業づくりでは、「誰もが考えやすい」発問を考える必要がある。こう発想すると、一問一答ではない多様な考えを組織できるのである。そのための「きっかけを活かして問う」では、「小鳥のために森が静まった」という単純正答ではなく、そのために森の個々のものたちが各々息をのんでいる、その様子を豊かに思い浮かべる子どもたちの様子が見えてくる。

　「大造じいさんとがん」では、「限定して問う」ことについて、発問を「手に持っているものと"限定"することで、その場面を子どもたちが視覚的にイメージしやすくなり"考えやすく"なった」と述べている。コツとして、「映画として撮影するならどんなシーンにするだろうか」と考えた発想が豊かだ。実物の調達、動作化から、表情、仕草、音、においに着目し「五感に訴える発問」で、場面のイメージを豊かに捉えさせようとする。こうした発問づくりも、しんどい子や、できると思わされている子への「まなざし」である。

　最後に「あとかくしの雪」では、旅人の気持ちを考える場面で、「しん」というひらがなの漢字に「焦点を当てて問う」発問を紹介している。ここでは、「子どもたちの意見の違いが、広がりとして生まれていく」要素を含ませ、「"これなら自分にもできる"と感じながら取り組めるようなもの」にすることが重要と述べている。また、体育の「ペースランニング」では、各々の目標に向けて力を発揮できるように工夫することが発問に類し、「取り組ませ方の工夫を考えることで、同じ土俵で自分なりの力を発揮できる」と述べている。それぞれ、多様な個性を持った子どもたちという視点をいかに大切にし、しんどい子とできる子が共に参画できるための授業づくりを意識していることがわかる。

(3) 小泉実践から発問を再定義する～授業展開のタクト～

「授業展開のタクト」は吉本の言葉[6]であるが、「アレクサンダとぜんまいねずみ」の授業実践に顕著だ。囲みや【　】からは、45分間にいかに多くの配慮をしながら、まなざしと指さしでタクトを振るっているかがわかる。気になる子が活躍できることを想定した指導案（細案）、無理強いをしないことで安心して発言する子、覚えている子だけに活躍させない復習の方法、「わからない」が学級の文化になるように評価、取り立てずにうまくしんどい子に寄り添うなど。結果、「わからない」を表明する子は「自問」ができるようになり、みんなの前で意見を言えなかった子は友だちとの臨機応変なやり取りができるようになっている。この実践を通して小泉さんは、「発問は、子どもたち自身が自ら問いを発見していく力を育んでいくためのツールとして機能していくことが、その大きな目的」と言っている。「自問」ができるようになるというのは、決して勉強のできる子だけに保障されたプロセスや結果ではなく、しんどい子の学力保障でもあるということを小泉さんは証明している。

以上、本稿から得られた発問の在り方を定義すると、以下のようになる。
①教師自身が心から楽しみながら、その教材について深く理解する
②意見交換の経験を豊富に積み上げていくことで、教材研究力を充実させる
③「誰もが答えやすい」ではなく「誰もが考えやすい」ように問う
④きっかけを活かして問う、限定して問う、五感に訴えて問う
⑤事柄に迫れるように、焦点を当てて問う
⑥意見の違いや広がりが生まれるように問う
⑦「これなら自分にもできる」と感じるように問う
⑧全員が同じ土俵で、自分なりの力を発揮できるように問う
⑨「わからない」を値打ちづけ、「自問」する力を育てる

小泉さんが強調した、しんどい子を中心に据え学級の子どもたちとのかかわりを大切にした学習集団づくりと授業づくり、そのための教材研究、そこから生まれる発問といった丁寧な過程は、さまざまな格差が拡大する社会や教員人口の大幅な入れ替わりが進む教育現場にあって、今こそ、重視されねばならないだろう。

注

1）宮崎隆太郎編「学校ぐるみの障害児教育―枚方市立開成小学校の場合」ミネルヴァ書房、1974年、などに詳しい
2）戸室健作「都道府県別の貧困率、ワーキングプア率、子どもの貧困率、捕捉率の検討」『山形大学人文学部研究年報第13号』2016、45～47頁
3）熊本理沙「男女平等な社会を形成する力を育むために」大阪府人権教育研究協議会『大阪の子どもたち－大阪の子ども生活白書2014年版』2014年、の「大阪の子どもたち」アンケートの集約による
4）豊田ひさき、矢野洋編「中学校授業改革と学校づくり 子ども一人ひとりの輝きを求めて」明治図書出版、1995年、などに詳しい
5）吉本均「学習集団の指導過程」岩垣攝、豊田ひさき編『授業と学習集団』明治図書、2006年、130頁
6）例えば、吉本均『授業成立入門－教室にドラマを！』明治図書、1985、145～171頁

（佐久間敦史）

第4章
子どものニーズをふまえた全員参加の授業づくり
―― 「全員参加」の再定義 ――

はじめに

　一般的に、子どもたちが授業に参加しているというイメージは、授業の中で子どもたちが発表したり、質問したりといったものである。授業内容に関する意見表明だけではなくて、全員参加の授業づくりでは、授業の方法・進行に関する意見表明が大切にされてきた。授業において、「わかりません・見えません・聞こえません」などに始まり、「もう一度説明してください」「グループで話し合わせてください」と、子どもたちが授業の進行や学習形態の選択に要求を出すことが求められてきた。しかし今日、教師の語りかけや働きかけに対する子どもの発言だけに授業参加を限定することは適切でない、と指摘されている。なぜなら、子どもたちは何らかの反応をすること、あるいは、何も反応しないことを通して、ある種のメッセージを意識的・無意識的に発していると捉えることができるからである。これらのメッセージを「意見表明の萌芽」として、授業の中に明確に位置付けていくことが必要になるというのである[1]。

　これまで、授業参加を保障する条件として「居場所づくり」が指摘されてきた。そのさい、子どもたちは、教師からまなざしがかけられているとき、自分の存在が認められ、期待されているという「居場所」の体験を最初にもつことができると言われてきた。正答主義が支配している学習環境ではなく、教師がまなざしで語りかけ、安心の拠点としての「居場所」を教室につくりださなければならないというのである[2]。

　本稿は、主にChildren Firstという宮崎県にあるサークルに集う教師の実践を手がかりに、「まなざし」という授業実践のキーワードを書き換えることを通して、「全員参加」の授業づくりを再定義しようとしたものである。

1．子どもに合わせて授業を変える－インクールシブを視点とした子ども理解

　柔らかいボールでキャッチボールの練習をするという第2学年の体育の授業において、椎屋菜穂子は、子どもを身長順に二列に並ばせて隣り合ったペア同士でキャッチボールをさせ、ペアの両方ともがキャッチできたら投げる間隔を離していくという活動に取り組ませていた。すると、椎屋は、上手くボールがキャッチできずになかなか投げる距離を延ばせないペアの中に、ボールに慣れている子どもと慣れていない子どもの組み合わせがあることに気づいた。そこで、授業の途中からキャッチボールが得意な子ども同士、苦手な子ども同士でペアを組み直し、苦手な子ども同士の距離は近くから始めてよいこと、ワンバウンドでキャッチしてもよいことという指示をした。椎屋は、ボールがなかなか捕れない子どもにボールの捕り方を個別指導するだけでなく、「体育は身長順に並んでペアを組ませる」と考えていた自らの囚われに気づいてペアの組み方を変えることで、子どもたちが「できた」という体験を繰り返しながら、遠くから投げてくるボールを捕ることにチャレンジするというように、授業構成のあり方を変えている。ペアでキャッチボールをするという活動だけでなく、できるだけ遠くから投げてくるボールをキャッチするという課題に、全員を参加させたのである。

　橋口未来は、第4学年算数「式と計算のじゅんじょ」の単元における「（　）を用いた式のよさに気付き、四則計算に関するきまりを知る」という授業において、ヒントカードにある自らの思い込みを捉え直している。ヒントカードは、子どもを正解に導くためのものになりやすい。たとえば、「1こ120円の絵の具を4こと、1本150円の筆を3本買ったときの代金を、（　）を使って1つの式に書きましょう」という問題に対して、ヒントカードは、$\boxed{120 \times 4 = 480}$、$\boxed{150 \times 3 = 450}$、$\boxed{480 + 450 = 930}$という三枚のカードだけを作成しがちである。そのさい、教師は、$(120 \times 4) + (150 \times 3) = 930$という式と答えを予想しているのである。そうではなくて、$120 \times 4 + 150 \times 3 = 1890$という式と答えの組み合わせも予想し、$\boxed{480 + 150 = 630}$、$\boxed{630 \times 3 = 1890}$というヒントカードも準備するのである。橋口が授業で用意したヒントカードは、次の五枚となる。

$\boxed{120 \times 4 = 480}$

$\boxed{150 \times 3 = 450}$
$\boxed{480 + 450 = 930}$
$\boxed{480 + 150 = 630}$
$\boxed{630 \times 3 = 1890}$

　子どもに正解を導きださせるためのヒントカードであれば、上から三枚のカードを提示すればよい。120×4＋150×3という式に対してかけ算を先に計算してたし算をすると考えるだけでなく、式を左から順に計算すると考えることも子どもに保障するならば、子どもが答えを間違うためのヒントカードが必要になる。計算の順序を考えるという授業に参加を保障するならば、ヒントカードは正解を導くためのものではなく、間違いを保障し子どもの自己決定を促すものと捉え直さなくてはならない。橋口は、計算が苦手な子どもに対して正解が導ける代わりに試行錯誤する機会を失わせるのではなく、計算の順序を考えるという課題に全員を参加させたのである。[3]

　書くことが苦手な子どもがいる。帰りの時間に明日持ってくる物をメモさせたいがメモをとることができない。そのさい、教師は、「この子どもにどのようにしたらメモを取らせることができるか」と考えるのではなく、「この子どもがメモできなくて困ることは何だろう」と子どもの立場に立って問題を発見することが求められる。メモをとることができなくて子どもが困るのは、明日授業で使う物を忘れてくることで、授業に参加できなくなることである。教師が子どもの立場に立って考えることができたなら、子どもが直面する問題に気づくことができる。子どもの課題は、メモをとることではなく、忘れ物をしないようにすることであり、忘れ物をしないためには、教師がメモを写真に撮って渡したり、ＩＣレコーダーを活用して明日持ってくる物を声で録音して家で再生させたりする方法が考えられる。

　私たちは、なんとか克服しようと子どもたち本人に努力させて、できないことを子どもたちに繰り返させていないだろうか。授業参加を保障するには、書くことが難しいといった障害そのものではなく、忘れ物が多いといった子どもが困っていることに注目する必要がある。特別なニーズを持つ子どもが生きやすい教室をつくっていこうとする中で、教師自身が学校にある常識を疑い、自らの囚われから脱していくならば、支援の方法は豊かにひろげていくことができる。授業中に立ち歩く子どもに対して、立ち歩いている時間を

可視化して、その時間を短くしていくことを励ますというだけでなく、「何をしてよいかわからない」という子どもが困っていることに着目して、次の活動を用意したり、活動全体の見通しを持たせたりすることが求められることもある。片づけられずに机の周りに物が散乱している子どもに対して、片づけられたときにほめて意識づけたり、片づけられる方法を細分化して子ども自身に取り組ませたりするように、「片づけられるようにする」といった子どもの能力に働きかけるのではなく、大きめの箱を用意して箱に散らばっている物をすべてを入れていくように、「物の散乱を一ヶ所に集める」といった子どもを取り巻く環境に働きかけ、授業で使う物を探しやすくすることもできる。教師が困っていることは、必ずしも子どもが困っていることではない。子どもの離席や落し物の多さに困っているのは、教師自身であり、子ども自身ではない。教師が自ら困っていることから抜け切って、子ども自身が困っていることを発見できるかどうかが重要となる。

　子どもが教室を出ていくことばかりに目を奪われるのではなく、教室に帰ってくることに目を向ける。あるいは、一つ一つ言わないとできない子どもと捉えるのではなく、一つ一つ言えばできる子どもと捉える。教師は、子どもを否定から捉えるのではなく、子どもを肯定から捉え、学校の習慣にいつのまにか囚われている自分自身に気付くことが必要である。インクルーシブを視点とした授業づくりでは、子どもが抱える困難さに着目し、学校にある常識を教師が捉え直しながら、豊かな工夫を生み出していくことが求められている。[4] そのさい、子どもにできないことをただ頑張らせていることになっていないか、子どもが頑張らない時も子どもの存在を受け止めているかどうかには、注意を払う必要がある。教師は、子どもたちにある「何をしていいかわからない」だけでなく、「自分ができるかどうかわからない」にも応える中で、子どもたちが自分自身の失敗やできなさを受け止めることのできる自己肯定感を育んでいくことが求められているからである。[5]

2．「否定の中に肯定をみる」を問い直す

　子ども理解には、「否定の中に肯定をみる」という視点が大切である。「否定の中に肯定をみる」とは、子どもへ否定的なレッテル貼りをしないという教師の宣言であった。同一の現象は、否定的にも肯定的にも評価できる。「50

点しかない」と言うこともできるが、「50点もとれた」と言うこともできる。教師の指導力とは、肯定を発見するちからであり、子どもが達成できないことは評価の対象にはならないのである。

　でも、「否定の中に肯定をみる」とは、否定と肯定を並べることでもない。「この子は算数ができないけど、国語ならできる」とか「あの子は教科の成績はよくないが、行事や係活動は頑張っている」とか、一人の子どもの良い部分と悪い部分を並列視することではないのである。「困った子」にあるヴァイタリティー、「すぐ泣く子」にあるやさしさ、「忘れ物の多い子」にある集中力、問題を起こさない子には消極性が隠れているし、髪をひっぱることには仲間への交わり要求がある。いつも遅刻してくる子どもには「しまった」という表情を教師は見つけることができ、発言の言葉に詰まって黙って座る子どもにあるわかりたいという要求を見いだすこともできる。人の悪口を言うのは、それだけ他から関心を持ってもらいたいと思っている証拠であり、悪口をやめさせることのできない学級の弱さがある。

　さらに、「否定の中に肯定をみる」とは、否定に目をつぶることでもない。得意なことやよさをみつけて、ただ子どもをほめてあげることではない。否定は克服すべき課題であり、いま何が問題なのかを考え、その課題に取り組むことを子どもたちに要求することでもある。「否定の中に肯定をみる」とは、子どものいいところを見つけほめることではなく、子どもの自立への励ましなのである。

　2013年10月に、石本隆士先生の算数の授業を参観した。石本先生は、宮崎県の特別支援教育のスーパーティーチャーである。

　石本学級に足を踏み入れた途端、とても温かい雰囲気に包まれた。子どもたちの表情も穏やかで、無邪気さにあふれている。石本先生は、とにかく子どもに声をかけていく。「今日はよく言葉が聴こえるね。」「今の説明で分かったの？すごいね。」など、些細なことでも見逃さずにいる。子どもたちも、小さな頑張りをさらけだしている。石本先生は、今までできなかったことに対して、できてきたという過程を評価していた。たとえば、のりをきちんと机の上に置いている子どもに対して「今まではのりで遊んでいたけれど、遊ばなくなったね。」や、「鉛筆を忘れました。」と自分から申告できた子どもに対して「よく言えたね。この間までは言えなかったのに、すごいね。」と

いう言葉をかけている。また、「鉛筆を置いて下さい。」と指示をした時に、指示通りに鉛筆を置かない子に対して、鉛筆を置くという動作はどうすればいいのかを確認する中で、「そう、よく分かったね。」「よくできたね。」と、子どもたちが一つできるごとに、できるようになろうと前進する姿を認めている。鉛筆を置けたから評価しているというより、今できていないことを指導する中でも、子どもができるようになろうとすることを励ましていたのである。石本先生は、子どもたちが足踏みすることすら肯定するかのようであった。

「否定の中に肯定をみる」とは、教師が子どもの否定的な側面に目を向けて終わるのではなく、否定的な側面にある肯定的な側面を見つける教師の子ども理解の深さをつくりだしてきた実践のキーワードである。たとえば、授業中であれ好きなときに机の下に潜るという一見特異な行動をする子どもにある、誰にでも落ち着く場所があるという点ではみんなと同じであることや、課題に時間がかかる子どもにある最後までやり抜くちからを子どもの中に見つめてきた。教師には、まわりの子どもも認める価値を否定的に見えがちな子どもの言動から発見することが求められている。

ここでは、課題がなかなか終わらない子どもに最後までやり遂げるちからを発見するというより、課題がなかなか終わらない子どもにも、課題に取り組むことができるようになった成長が必ずある点に、まずは目を向けようとする子ども理解のあり方が示されている。できないことにできている点を発見するというのではなく、できなかった過去からできている今を見る。石本先生に、子どもたちをある限られた視点からしか見ていなかったのではないかと問われたように思えた。教師自身が絶えず子どもを理解する自らの視点を問い直し変えていくことができるのか。授業の参加を保障する指導性は、子どもの世界を承認していくなかで教師自身が自らの視点を問い直すという子ども理解のあり方に支えられている。[6]

3．「間違っていいんだ」はスローガンではない―授業を日々子どもたちと語る

宮崎大学教育学部附属小学校に勤務する竹内美貴は、できる子どもが教室

でいばっていて、できない子どもがなかなか自分を出せない学級に対して、教師が「間違っていいんだ」とただ口頭で繰り返すのではなく、日々の授業の中で子どもたちと授業への参加のあり方を対話する。

「じゃあね、今から先生がね。あるものを見せますね。よく見てね、いくよ。」
　教師が子どもたちに見せたのは、白い画用紙に描いてつくった青の鉛筆と赤の鉛筆、それぞれの絵を切りとり別の白い画用紙に後で動かせるようにセロテープで貼り付けたものである。青の鉛筆の先が赤の鉛筆の先より低く位置付けてあり、白い画用紙の下半分は黒い画用紙に覆われていて青の鉛筆と赤の鉛筆の下半分はどうなっているのかは子どもたちからは見えない。子どもたちは、「鉛筆」「大きさ比べ」「長さ比べ」と口々に反応する。
　「鉛筆が出てきたね。じゃあ、青と赤の鉛筆があるけど、どっちが長い？」と教師が子どもたちに聞くと、子どもたちは一斉に発言する機会を求めて手を挙げる。教師が「じゃ、青が長いと思う人？」と聞くと、半数近くの手が挙がる。「え？ほんとう？いや、赤が長いよ。」と赤が長いと思う人を聞くと、別の半数が手を挙げる。1年生算数「長さくらべ」の導入にあたる授業である。
　教師は、黒い画用紙をちらりとめくることで黒い画用紙で隠された青の鉛筆と赤の鉛筆の下半分を子どもたちに見せる。そうしたやりとりの中で、「同じくらいの長さ」という子どもの声をひろったり、青の鉛筆と言う意見が多くなる中で「やっぱり赤じゃない？」と子どもたちに投げかけたりしながら、「青。青が長い。」という子どもの声が大きくなってくるのを待っている。しばらくすると、教師は、「青と言っているけど、何でわかった？」と子どもたちに聞き返す。「だって、見えてる」と返す子どもに対して、さらに「見えてるね、赤も全部見えてる」と冷たくあしらう。「赤が少し上がっている」と青の鉛筆と赤の鉛筆の様子を示す子どもにも、「少し上がっている。じゃあ、これで比べ方、O.K？」と一歩踏みこむ。正解をすぐに導きだそうとする子どもたちに対して、考えることを要求するのである。すると、子どもたちは、「だめ」と口にする中で長さを比べるにはどうすればよいかを考え始めるのである。
　子どもたちはペアで話しながら考えた後、「赤い鉛筆を下に下げればよい」と子どもが発言する。続けて、「赤の鉛筆をそこに置いて」と発言した子どもは、前に出てきて黒板に貼ってある赤の鉛筆と青の鉛筆を実際に動かして

いる。彼は、赤鉛筆を下に下げて、青鉛筆とはしをそろえたのである。なお、この授業の事後検討会では、授業者である竹内は、「はし」だけでなく、「した」と板書して子どもたちに言葉を選ばせたり、青の鉛筆と赤の鉛筆を上下だけでなく左右の横に向けたとき、「した」と子どもたちが名付けた部分を子どもたちは何と呼ぶのかを聞いたりしてもよかったのではなかったかと、自らの授業をふり返っていた。

　「はしをそろえる」という長さの比べ方を子どもたちと確認して、次に教師が示したのは、赤鉛筆の先が青鉛筆の先より上にあるという問題である。もちろん、赤鉛筆と青鉛筆が貼ってある画用紙の下半分は黒い画用紙で覆われていて赤鉛筆と青鉛筆の下の部分は子どもたちに見えていない。

　「どっちが長い？」と教師が聞くと、「赤が長いよ」と赤鉛筆が青鉛筆より長いと思うと表明する子どもが数人、「青が長いよ」と青鉛筆が赤鉛筆より長いと思うと表明する子どもも数人の手が挙がる。「わかんないよ」と、赤鉛筆が長いか青鉛筆が長いかはわからないという立場の子どもたちがいるかどうかを教師が聞くと、数人が自信なさそうに手を挙げている。すると、教師は「どっちが長いか、言っていいの？」と、自分はどちらが長いと思うかという予想を表明するのではなく、下半分が見えないままでは長さを比べられないので、人に自分の意見を説明できないと考えて「わからない」と表明している子どもたちを励ましたのである。

　教師は、一回目に提示した問題では、「青鉛筆が長いか、赤鉛筆が長いか」の二択を子どもたちに示していたが、二回目に提示した問題では、「わからない」という選択肢も加えて三択を子どもたちに示している。「わからない」と表明することが正しくなるように、陶冶と訓育の統一という視座から授業の導入部分の問題を構成することで、自分の予想を表明することだけでは授業に参加するということにはならない、他者を意識して自分の考えを表明していくことが授業に参加していくことではないかと子どもたちに語りかけているのである。

4．相手の立場に立って「わからない」を共有する

　宮崎大学教育学部附属小学校に勤務する甲斐淳朗は、第2学年算数「何番

目」の授業を、次のような問題から始める。

「14人よこ一れつにならんでいます。6人帰りました。今、何人残っていますか。」

「先生、もう答えも書いていいですか」と子どもたちは、問題を写したら終わるではなく、式や答えまで書き始める。第1学年「求残」の問題なので、教師の予想通り2年生の子どもたちは簡単に答えを導き出していく。教師は、式と答えを確認した後次の問題を板書し始める。

「12人がよこ一れつにならんでいます。」と問題を途中まで板書したとき、教師は子どもの「また？」というつぶやきを聞き逃さない。「なんで、まこさん（以下、子どもの名前はすべて仮名である）は、『また？』と言ったと思う？」と学級の子どもたちに投げかける。

子どもたちは、「先の文の一行目と文が似ているから」と言う。問題と問題を比べる見方が、すぐに教師に評価される。さらに、子どもたちは、「5人います」「8人」など、次々と問題がどのように書かれるかを予想しながら、教師が読む問題を耳で聴きながら板書を写していく。

「12人がよこ一れつにならんでいます。よう子さんの左には、4人います。よう子さんの右には何人いますか。」

「すぐに式に書けるかな？じゃ、1分間でどうぞ」子どもたちは自力で解き始める。教師は机間指導した後、「あてられたら困る人、いる？」と子どもたちに聞いた後、ともきさんを指名する。ともきさんは、「12－4＝8」と発言する。ともきさんと同じように、12－4＝8になった子どもたちは、挙手をさせると半分ぐらいいる。授業で提示する問題の種類と順序を工夫することで、解答が二つに分かれるように仕向けたのである。

教師が「答えは、8人？」と、ともきさんに答えの単位を確かめている間にも、「おしい」「おしい」と子どもたちの声がかぶさってくる。「手を挙げている人は何？ 12－4＝8の説明をしたいんですか？」と教師は前のめりになっている子どもたちを制する。

教師は、「12－4＝8は、ちゃんと問題文の数を使っているよ」ととぼけてもみせる。「なんかもやもやしている人もいるよね。なんか自信を持ってちがうんじゃないかという人もいるね。となりの人と、お互いの気持ちを話してごらん」と、ここでペアでの交流となる。

「まだ、12－4＝8だという人いる？」「いるな。いいよ、がんばれ」と誰が納得していないかを確かめた後、あきひこさんを指名する。

　あきひこさんは、なぜ12－4＝8ではないかをすらすらと説明する。「なぜ、12－4＝8でないと思うかというとよう子さんの左に4人、よう子さんの右だからよう子さんを抜いた人数だからです。」あきひこさんの早口の説明では誰もわからないかなと思ったが、あきひこさんの説明ですっきりした人もいた。

　かなさんは、黒板に○でさいころ図を書きながら、説明をする。「まず、よう子さんがいますよね。そして左に4人いますよね。」教師はここでかなさんの説明を止めて、かなさんが何をしようとしているかを想像させた後、全員にさいころ図を書かせる時間をとる。再び、かなさんに続きの説明をさせる前に、「まだ、12－4＝8のチームにいる人？」と、かなさんに誰に説明をしているのかを確かめる。

　かなさんがした説明は、12－7＝5であった。教師は、「あっちゃん、意味が分かんないよな。先生も、12－4＝8でいい気がする。」と首をかしげた子どもに声をかけながら、あくまでも教師も12－4＝8という立場を採り続ける。すると、12－4＝8に付け加えて説明しようとする子どもが現れてくる。「これは、12－4＝8というのは、さっきかなさんも言ったように、4人を引いた数ですよね。で、残りよう子さんを入れたら、その7人に足して8人になるんですよね。12－4＝8に、よう子さんの右だから、よう子さんを入れないということだから、これに8－1＝7を付け足したら、最初12－4＝8を使えると思います。」教師が、まだ納得いかない人を聞くと、5人の手が挙がる。さらに、教師は、図に書かれた全体の人数やよう子さんの右にいる人数を全員で声に出して数えたり、まだ納得がいかずもやもやしている人を黒板の前に出させて、一つずつ人数を確認したり、子どもたちに多様な表現で何度も説明を繰り返させる。でも、図に書いたらわかるけれど、なんかすっきりしない。子どもたちは、図として示されていた○のなかに数字を入れてみることもする。すると、めいさんが、「なんでよう子さんを引くのかをちゃんと説明すればいいんじゃないか」とつぶやいた。

　授業の前半は、正しく導いた自分の意見を聞いてほしいと子どもたちは発言を求めていた。教師が「わからない子」の立場に立ちながら、多様な表現

方法で何度も繰り返し説明をさせる中で、わからないという立場から問題を捉え直すことを通して、子どもたちから「なんでよう子さんを引くのかを説明したらいいのではないか」という発問が生成している。できる子どもができない子どもに説明をするのではなく、できない子どもができる子どもにどうしてそうなるのかを聴く中で、できる子どもができた立場からできない立場になって考えていくことで、「わからない」ところと理由を共有していく。一人で問題を解決するのではなくて、みんなで解く問題を発見し共有する思考が教室に求められているのである。全員参加の授業づくりは、自分が気づいたこと・考えたことをできるだけ全員が発表するというものではなくて、子どもたちがどのように授業に参加しているのかを学び直すことを通して、子どもたちとみんなで学ぶ意味を常に検討していこうとするものである。

おわりに

これまで全員の参加・発言を保障するということは、学習集団づくりの筋道において最初の段階に位置づいていた。発言者の方に顔を向けること、「聞こえません」「見えません」などの発言で、とにかく表面的であっても、授業に参加する体制をつくることが、まず目指されたのである。しかし、今日、全員参加の授業づくりは、積極的だが利己的な挙手や発言、あるいは、他者の発言に対する無関心さに対して取り組まなくてはならない。全員参加の授業づくりは、子どもたちに対して、自分だけが参加するのではなく、全員を意識して参加することを求めなくてはならない。子どもたちの関係性を育むという観点から、「全員参加」の授業づくりの筋道を問い直していかなくてはならないではないだろうか。そのさい、教師の「まなざし」にある授業に対するモノサシを常に子どもたちと問い直しながら、子どもたちの「まなざし」にある授業づくりのモノサシに一つ一つ取り組むことで、全員参加の授業は構成されてくるのではないだろうか。[7]

註及び参考文献
1）松田己統美「参加と意見表明の授業をつくる」久田敏彦ほか編著『新しい授業づくりの物語を織る』フォーラム・A、2002年、35-66頁、参照。
2）久田敏彦・深澤広明編『学級の教育力を生かす 吉本均著作選集3 学習集団の指導技

術』明治図書、2006年、参照。
3) できないことを何とかしようとするのではなく、できることを発見しようとする考え方を、椎屋も橋口もアダプティッドスポーツから学んできた。アダプティッドスポーツは、スポーツに人を合わせるのではなく、その人の身体状況にスポーツを合わせてルールを変えていくものである。たとえば、ボッチャというスポーツがある。ボッチャでは、ターゲットボールに自分のボールをできるだけ近づけていく競技である。障害のためボールを投げることのできない人は、補助具を使って競技を行う。そのさい、介助者の人もいるが介助者は競技者がボールを投げることができるよう補助具にボールをセットするが、ターゲットボールがあるコート内を見ることはできず、競技者に話しかけることもできない。介助者は、競技者の目線や指の動きなどを手がかりに、補助具の位置を修正していくのである。また、アダプティッドスポーツは、障害者を障害者として見るのではなく、できることに着目し、その人を認め、共にスポーツに打ち込もうとするものである。そのさい、私たち自身の意識上のバリア（偏見）をなくしていくことが大切にされている。たとえば、ある大学の講義では、障害のある人がスポーツをやっている映像を学生に見てもらうと、「障害者でさえあれだけ頑張っているのに、障害のない自分は何をしているのだろう。私もしっかりしなくては」という内容の感想を必ず何人か書いてくるそうである。障害のある人を同じ権利や欲求を持ち、同じように悩んだり、喜んだり、悲しんだりする人間としては理解していないのである。「障害があるのにもかかわらず、彼らは頑張っている」のではなく、「スポーツをやりたいからやっている」ということを理解していくことはできるのか。他者へのかかわり方に課題が指摘されているのである。矢部京之助ほか編著『アダプティッド・スポーツの科学』市村出版、2004年、草野勝彦ほか編著『インクルーシブ体育の創造－「共に生きる」授業構成の考え方と実践』市村出版、2007年、藤田紀昭『障害者（アダプティッド）スポーツの世界』学芸出版、2008年、参照。
4) たとえば、宿題には、プリント一枚を全部するように「与えられた量の課題をやりきらなくてはならない」という思い込みがある。宿題プリントに空欄が残ったまま提出した子どもに対して、教師は宿題をやってこなかったという負の評価を行ってしまう。だったら、宿題を「量」ではなく、「時間」で捉え直してはどうだろうか。子どもと「プリントに20分間取り組む」という約束をして、20分間でできたところまでを切り取り、ノートに貼って提出するのである。子どもが「できた」ことだけがノートに残り、宿題をやってきたという正の評価をすることができる。子どもは「できた」という成功体験を積み、教師は少しずつ子どもの頑張りを発見していくのである。また、授業で配付されるプリントは前から後ろへと配るという思い込みが1年生の教室にある。配付物をどう配るかという点では、保育園で隣の友だちに手渡しで渡してきた児童には、横に渡していく配り方でもよいのではないかというのである。小1プロブレムについて、幼児教育からは小学校教員の姿勢や校舎の雰囲気、45分単位の活動といった児童にとっての「段差」が指摘され、小学校教育からは授業に集中できない、自分勝手に話をする、椅子に座っていられないという児童の「不十分さ」が指摘されている。小学校教育は、児童が直面した壁に対して、児童の立ち位置まで下りるのではなく、児童を上から引き上げようとしている。小1プロブレムに対しても、問い直される必要があるのは、小学校教育における子どもへのまなざしである。上野ひろ美・

鳥光美緒子「カリキュラムにおける幼保小接続の問題」日本教育方法学会編『教育方法37　現代カリキュラム研究と教育方法学』図書文化社、2008年、長瀬美子「小１プロブレムと幼・保・小の連携」湯浅恭正編著『特別支援教育を変える授業づくり・学級づくり１　芽生えを育む授業づくり・学級づくり』明治図書、2009年、秋田喜代美ほか編著『保幼小連携　育ちあうコミュニティづくりの挑戦』ぎょうせい、2013年、参照。

5）たとえば、給食指導において、苦手なおかずがある子どもに対して、子どもが頑張って少しでも食べたことを教師が評価していくのではなく、子ども自身が食べる前に全部食べきれる量に減らすと、子どもが最初に減らす量をだんだんと少なくしていくという指導プロセスになる。頑張って少しでも食べたことを評価するという方法は、「頑張らないと認められない」というメッセージが子どもに伝わる点に注意が必要である。ここで指摘している自己肯定感は、自分のよさを大切にする心持ちではなく、自分の弱さを受けとめるちからのことである。

6）子どもの世界を共感・受容するというより、子どもの世界に参加・承認する子ども理解のあり方は、血のつながらない親子が親子になる営みに学んできた。里親が児童養護施設から初めて子どもを家に連れて帰るシーンに，こんな事例がある。3歳のゆみちゃんの事例である。里親さんが「ゆみちゃん、じゃあ、おうちに帰ろうか」と一緒に遊んでいたゆみちゃんに声をかけると、突然、ゆみちゃんは「私にはお父さんもお母さんもお姉さんもいるの」と答えたという。ゆみちゃんの話は事実ではないかもしれないが、ゆみちゃんにとっては真実の話なので、「違うよ。ゆみちゃんにはお姉ちゃんはいないよ」などと里親さんがゆみちゃんの話を否定することはもちろんできない。でも、里親さんが「そう」とゆみちゃんの話を受け止めてしまうと、自らゆみちゃんと家族になることを否定してしまう。このとき、里親さんはどのようにゆみちゃんに応答すればいいのだろうか。この里親さんは、ゆみちゃんに「そう、素敵ね。私もその家族に加えてくれる」とゆみちゃんの世界に入っていったという。自らの世界に子どもを引き込むのではなく、子どもの世界に参加し子どもの世界を承認することが、子どもとの関係を再生していくのだと、私たちには子ども理解のあり方を学び直す機会となった。

7）本稿では、子どもたちが多様な表現で繰り返し発言することを通して、発言する立場が転換していく算数の実践を提示した。また、竹内美貴は、算数の授業において子どもたち個々人が、自分の中で二つ以上の考えや表現を出すことを大切にしてきた。そうすることで、意見交流の際に、仮に考えが一つしか浮かばなくても友だちの考えを聞きたいと強く思うだろうし、一人で多様な考えができた子どもは、自分の考えと比較しながら相手に説明したり相手の考えを聞いたりすることに懸命になると考えるからである。具体的には、三色の付箋を用意し、子どもたちに各色二枚ずつ配布し、たとえば、ピンクの付箋＝式、黄色の付箋は＝絵や図、オレンジの付箋＝言葉と書くよう子どもたちに指示をする。子どもたちはノートに自分が考えた解き方を記入する際、図を使えば「図」と書かれた付箋を貼っていく。三色の付箋が用意されているのは、式・図・絵・言葉などを往還させて、より説得力のある説明を考えさせるためでもある。ある一つの解き方を見出して満足している子どもたちに対して、「付箋をできるだけたくさん使おう」というめあてを立てることで、机上に付箋が残っていれば必然的に

他の解き方や表現の仕方を探そうとするのではないかというのである。ある一つの解き方を見出したら考えるのを子どもたちがやめてしまうのは、教師が用意してきた授業のシナリオに沿って授業が展開するように子どもたちの意見が位置づけられているからではないか。そうした自らの授業実践への省察がある。竹内美貴「多様な考えをしてたのしむ」新算数教育研究会編集『新しい算数研究』2013年10月号，No.513、12－15頁、参照。さらに、新採二年目の丸目祐貴は、自らの算数の授業実践が、問題のイメージを絵や図にした後に、式を説明するという授業構成に囚われている点を踏まえて、子どもたちが問題から自分が考えた式を、図を使って言葉で説明するという順序性のもと、式を言葉で説明する役割と説明される言葉を図で示す役割とに分かれたペアが同時に全体の前で発表するという形態を取り入れ、子どもたちと日々授業づくりを試行錯誤している。なお、Children Firstは、二瓶弘行が提案する物語の授業づくりに学んで、自分が読みとらなかった友だちの読みに出会う授業づくりのあり方を探究している。二瓶弘行『二瓶弘行国語教室からの提案 物語の「自力読み」の力を獲得させよ』東洋館出版、2013年、二瓶弘行『二瓶弘行の「物語の授業づくり一日講座」』文溪堂、2013年ほか、参照。こうした教科の特性を生かした学習集団づくりの実践を検討することは、他日を期したい。

（竹内　元）

第3部
学習集団研究の最前線

第1章　教育実践史研究のなかの学習集団
　　　　　　　　　　　　　　　（豊田ひさき）

第2章　教科教育と学習集団：国語の授業と集団の指導
　　　　　　　　　　　　　　　（阿部　昇）

第1章

教育実践史研究のなかの学習集団

1　なぜ実践史研究なのか

　教員の質の向上、とりわけ授業力アップに関する言説が文部科学省や行政の側から盛んに発信され、現場教師はその対応に追われる忙しい日々を送っているというのが現実ではないか。なぜなのかと改めて考え直し教育学界全体を見渡してみると、学校教育現場に軸足を置きながら教員の質や授業の質を巡る問題に真正面から立ち向かう教育哲学者、教育史学者が極端に少ないことに気づく[1]。一方授業に関しては、アクティブラーニング、言語活動の質の向上、反転学習などに関するハウツーものは相変わらず盛んに議論されている。しかし、教師は授業で一体何を一番大切にしなければならないのかという本質論の次元での本格的な考察・反省を促す論説は意外と少ない。このような現状分析を踏まえた上で、それではなぜ筆者が授業実践史にこだわるのか、簡単に説明しておこう。

　筆者が、広島大学の吉本均研究室で一番鍛えられたことは、「教育方法学の研究者は、理論と実践の統一を自己の研究活動においても貫徹せよ」であった。吉本研のいわゆる「辞書とテレコの統一」である。この立ち位置から筆者は「発問の発展史」をまとめて教育学博士の学位を授与された。発問の発展史を追究していて最も感動したことは、授業において教師中心から子ども中心へと「コペルニクス的転換」をした新教育運動が、デューイ（Dewey, J.）らを主導者として20世紀前後からグローバルな次元で生じてきたという一般的な教育史の常識を覆す諸事実に出会ったことである。プロイセンでは、一般民衆のための初等学校（Volksschule）教員養成所の所長であったオーフェルヴェルク（Overberg, B. H.）やディンター（Dinter, G. F.）は新教育運動よりも1世紀も前に、教師志望学生に授業法を教えるための先進的なテキストを作成している。たとえば、ディンターは『問答法の最良規則』（1803年）

で下のような新旧授業法の対比を行っている[2]。ディンターが旧い授業法を克服して新しい授業法で教育せよと教師の卵たちに説いたのは、新教育運動より1世紀程も前であり、わが国の今日の小学校でも未だに旧い授業法から脱却しきれていない教師が少なからず見られる。この現状を打破して教室のすべての子どもに「ほんものの学力」をつけようとする運動こそが学習集団の授業づくりだ、と筆者は考えている。

観念論や理想論ではなく授業実践の事実でもって学習集団が目指す授業論を解明していきたい、そのためには一般的な教育史の常識レベルの理解では不十分である。これは自分で開拓しなければ、という一種の使命感の下に授業実践史を実証的に究明していく歴史的アプローチに足を突っ込んだというのが正直なところである。

旧い授業法	新しい授業法
○子どもは、教師（教科書）が主張していることを真理であると了解する。	○子どもは、教師の主張を了解するのではない。真理だと認めねばならぬものを自分で探し出し発見する。
○教師は教え、伝える人として現れる。	○教師は、真理を共に探究する友だち。だから教師の指導は、子どもに気づかれてはならない。

ディンターが言う「教師は真理を共に探究する友だち。だから教師の指導は子どもに気づかれてはならない」という新しい授業法を具体化したものが発問、と筆者は解釈している。これは、学習集団の授業で吉本教授が主張した「教師が本当に教えたいことは直接的に教えてはならない」という教授原則に通底する。だから授業の中での教師の発問と子どもたちのそれに対する応答を事実に即して分析し、学習集団の授業づくりの土台になる授業構想・展開を究明していくために、筆者は、今まで優れた実践家が残してくれた授業実践の遺産を授業研究という手法で究明しようとしている。

本章では、戦前からの生活綴方教師東井義雄の授業実践を中心に、戦前の授業は軍国主義的、画一主義的で子どもが尊重されていなかったという一般常識を打ち破って、『村を育てる学力』（1957年）に象徴される彼の優れた授業実践は戦前からの授業づくりが土台になっていることを実証し、そこに埋

め込まれている専門職的な＜わざ＞を抽出し、今日わたしたちが目指す学習集団の授業を創りだすための若干の示唆を提示することである。

2　東井義雄20代前半の授業実践

　東井義雄は、1932（昭和7）年、姫路尋常師範学校を卒業し20歳で豊岡尋常高等小学校（現豊岡市立豊岡小学校）に赴任し、3年生担任となる。翌年から4年生の学級担任と読方と算術だけ3年時の成績に応じて能力別に分けられた読方C_2分団（4年になっても自分の名前も書けないモリタミツのような子どもがいる一番遅れた分団）を志願して担当する。この能力別分団については、新学年が始まる2－3ヵ月前から、次年度担当予定教員が従来から行われてきた3年時の成績で分け6年まで教師も固定するというやり方を巡って議論し、4年になって以降学期毎の子どもの成績によって分団を編成し直していく「能力別移動分団学習」を採用することになる。この議論に加わったまだ新米の東井が「指導の平等性」という持論を堂々と主張し、それが全員の合意につながっていく体制が認められていたことに筆者は驚いている。

　東井が新任の挨拶に行き、「昨日辞令を頂きました東井です」と校長に言うと、「なぜ辞令をもらってすぐ来なかったか！」と大目玉をくらわしたこの校長はなかなかの大物である。一見怖そうなこの校長は、うら若い新米教師にも自校の教育方針に参画させ、若い者が集まって互いの授業を見合い・批判し合う「授業の試合」を温かく見守っている。

　本章では、東井が4・5年と持ち上がった学級が6年になった時の生活綴方指導を分析する。資料は、筆者が2016年3月に行った第三次調査で入手した東井義雄記念館所蔵の①ガリ版刷雑誌『但馬国語人』（1935年1月）の「綴り方生活指導略図 ―― 六年になった吾が子らのために描ける ―― 」、②兵庫県綴方教育連盟『綴方精神』（1936年5、7月）の「尋六・第一学期児童文指導実践設計図」、「同第二学期」、③『綴方生活』（東京文園社、1936年6月）の「童話の開拓 ―― 尋六実践報告 ―― 」である。筆者が東井研究に本格的に取り組んで以来引っかかっていたことは、子どもたちはどのような指導によってあれだけの質の高い綴方を書けるようになるのか、である。きっと、緻密で系統的な東井の指導があったはずだ。それは何か、ということを先に挙げた3点の資料から探ってみたい。

資料②で、東井は指導努力点として、以下の四点を挙げている。
○えらくなり方として綴方を持たせる……態度
○素材を広げることよりも生活の仕方を広げる……取材
○綴る必要のある組織の中で。綴りたくて綴らせる（綴ることに主体性を持たせる）……記述
○わかりやすい文字を書くこと、文章のきまりをまもらせること（綴ったものに社会性をもたせる）……推敲

以上の指導努力点を各月毎に配分した指導月案のうち、3ヶ月分を引用しておこう（下線は引用者）。

月	指導題目	指導要項	指導方法
四月	正しい綴方の姿勢をもて	○どんな文がよい文か（文の観方） ○生活の仕方と綴方の仕方 ○呼びかける仕方[b] ○生活勉強、生活研究の綴方 ○研究、学習の綴方 ○雑談する仕方 ○生活内省の綴方 ○叫びの綴方、生活設計の童話	○学級の作品、他学級、他学校の作品について綴る姿勢を検討する[a]。 ○学級の作品の在り方を自覚させてやる[b]。上（左）記のような綴ることの仕方に分類してやれば、これまでの仕方がかたよっていたという事がわかろう[b]。 ○綴方の必要な教室組織を持たせねばならぬ。
六月	えらくなり方と綴方（学習、研究）	○毎日の勉強を体の力にするために綴方をやろう[c]。 ○どうもおかしい、おかしいからどうした、そしたらどうなった、そこでこんなことがわかった、こんなこともわかった[c]。	○文話＝頭でする勉強と体でやる勉強のちがい[c]。 ○各科の学習帳をぐんぐんはたらかせる[c]。 ○研究発表のための文集をつくる。分団別に研究的によせられる[c]。

六月			○作った文集が、自然にぐんぐん検討されるような、組織にゆるみはないかを絶えず留意する[c]。
十一月	生活内省の綴方	1 生活の目を内にむける[d]。口先でわかったと言っていたって、そのことばは体の力にならぬ。自分の性格をおし上げるために本当の自分をさらけ出せ[d]。 2 ことばの真実性[d]。 3 内側にむけるその目で人を見るのだ。わかり合え[d]、家の人、町の人、組の中。	1 日常的な生活の中から公式的な生活、非協力的な生活をみつけ出し、それからの反省の仕方などについて話してやる[d]。 2 書かせるものの中から又公式的な非真実的なことばをみつけて書きなおさせる[d]。 3 生活内省の目の文を通しての批評から社会観察、性格観察[d]を必要とさせていく。

3 指導戦略の分析

　先の指導月案について、若干の分析とコメントをつけておこう。

　四月の欄で東井は、自分が願う下線a)「正しい綴方の姿勢」を、子どもたちに他の作品を学級集団で検討させながら、指導方法欄の一つ目の下線b)、つまり学級の綴方の在り方として子どもたち自覚させようとしている。ここで東井が各自の作品ではなく、学級の作品としての在り方と記していることから、東井学級の生活綴方の在り方を子どもたちが集団で発見し、自覚していくよう努力していることが窺える。ディンターが言うように、教師に言われてこの学級の綴方の在り方を了解するのではなく、自分たちで発見させようとする東井の指導意図が窺える。つまり、東井は「この学級の綴方は○○ですよ、わかりましたか」と上から教え込んでいない。この欄の二つ目の下線b)「これまでの仕方がかたよっていたことがわかろう」という表記からも、

子どもたちに発見させようとしている東井の意図が確認できる。その下の文章「綴方の必要な学級組織」から、東井は各自が自己の生活綴方を発表し、それを学級のみんなで分けあい・磨きあおうとしていたこともわかる。これは、『村を育てる学力』で強調される［ひとり学習—みんなでの分けあい・磨きあい—ひとり学習］という東井が採った生活綴方的教育方法の原型といってよい。なお、指導要項欄の下線b）「呼びかける仕方」については、節を改めて分析する。

　六月の欄c)「勉強を体の力にするための綴方」とは、具体的には、c)「どうもおかしい、おかしいからどうした、そしたらどうなった、そこでこんなことがわかった、……」という綴方を書いていくことである。これが東井の願う「体の力」になる綴方であり、別言すれば、資料①で述べている「直接子どもの主体性につながる」綴方である。この「主体性」について、東井は①で次のように説明している。

　主体性の片足は本能の中にある。……他の片足は環境の中にある。歴史的社会的環境の中にある。……だから子らは、具体的に、時代の現段階に処する彼自らの技術を如何に獲得しようとし、如何に獲得したかの新しい生活技術（それは時に敗ぼくをかたってもいい）をさぐり、もとめ、倫理（生き方）を探索する綴方を持つのだ。と共に、——即ち掘る行動として彼自らを導くと共に——これが、語り、教える意味をもつことによって彼たちをも導くことにならねばならぬ。彼たち亦彼の発見し得た生活技術を実践的な観察によって、批評し、実験し、問い語りあう行動としてしごとをもつべきだ。

　これが、東井のいうひとりの綴方（＝考え方、見方）を「みんなで分けあい・磨きあう」学級の子どもたちの協働の「しごと」（＝研究）の内実（＝個と集団の往還）である。こうして綴られた綴方だからこそ、それは、「昨日やったこと、おもしろかったこと、遊んだことが何等問題性をも持たず反復表現される報告」作文ではなく、六月の指導方法欄c) でいう「研究発表」するための文集になる。東井はこの文集を「月曜の家、火曜の家……」という6分団毎に分けて研究（＝発表しあい、聞きあい、批評しあい）させている。蛇足になるが、この分団は月・火……土曜日と6分団あり、東井は、今日は月曜日だから月曜の家の子ども全員の綴方に「君が不思議に思って自分で確かめようとした〇〇は先生も面白かったよ。」というような形で丁寧に書き込んでいく。教師と子どもたちの間に確かな信頼関係ができておれば、今日返

答を書いてもらえなかった子どもも自分の家の曜日には必ず書いてもらえるという期待感は途切れないにちがいない。彼が採ったこの合理性・効率性は今日のわたしたちも学ぶ必要があろう。もちろん、学習集団として子どもたちとの間に確かな信頼関係を確立しようとしている教師の努力が子どもに身体で感得されていることが前提ではあるが。東井もこの点にはかなり神経を使っている。それが、指導方法欄c）の「文集が、自然にぐんぐん検討されるような、組織にゆるみはないかを絶えず留意する」である。この「留意」を怠れば、子どもたちとの信頼関係はたちまち崩れてしまうという経験知を新任から4年間の間に彼は身に付けていったものと推測される。

　もう一つ六月欄c）「文話＝頭でする勉強と体でやる勉強のちがい」を説明しておこう。これについては、資料③で「こんな綴方もあるぞ」と次のような東井の文話（＝説話）が挙げられている。少し長くなるが紹介しておこう（[ ]は筆者のコメント）。

　橘よ、行儀がいいな、今日は一寸君の生活をみんなに借りたいのだが、いいかい。

　[まず初めに、今日は行儀がいいぞと褒める、そして、君の例を借りてもいいかときちんと了解をとる —— ここにも「語りかけ」の＜わざ＞が埋め込まれている。]

　この前、橘を叱った時、彼が立たされた時のことを思い出してほしい。彼がどんな姿で前に立っていたか。みんなの方を向いて、にこっと笑ってみたり、又すぐに下を向いて赤い顔をし、そうかと思うと、又おかしい顔をして前の方の者を笑わせたり、急に「気をつけ」の姿勢に戻ったり、又空を飛んでいる鳶を見ようとしたり。そうだったなあ。

　そして、それと共に怒りそうな顔になったり、又当たり前の顔に戻ったりしていた僕（＝東井）の顔を思い出す人があるかも知れんと思うのだ。実はあの時僕は、せっかく立たせたのに橘があまりきょろきょろしているので腹がたってね。大方叱りかけたんだ。ところが、もう一寸というところで、そのいらいらが喉のところに引っかかってしまったんだ。

　考えてみると、橘は、怒らねばならぬ程ずるい所はないのだ。笑いかけたり、おかしい顔をしたりすることは、勿論いいことではない。けれども橘は、ずるくてそうしているのではなかったのだ。橘に尋ねてみればわかるんだが、彼は「叱られていることを、僕は気にしたりなんかしていないぞ」と一生懸

命力んでいるのだ。ところが、「強くなろう、こんなこと位でへこたれるかい」と力めば力む程、落ち着けないのだ。笑ってみるんだが、その笑いが続かないのだ。おかしい顔をしてみるが、それもだめ。鳶を見てやろうと思うんだが、又妙にそれが気になる。弱さを見せまいとすれすればする程弱さが飛び出してくる。僕はこんなことがだんだんわかってきてどうも叱れなくなってしまったんだ。

〔この東井の語りのゆったりさは、どうだろう。短気で、すぐ怒る東井がいつ橘を大声で怒るか、今度こそ先生の堪忍袋の緒が切れるぞ、とハラハラしながら見ていたのに、最後まで怒らなかった。なぜだったんだろう、と強烈な印象が残っていた子どもにとって正に身近でインパクトの強い話を例にして、人を視る時、一面的、固定的に見て即断してはいけない。その人の内面の葛藤まで含めて見抜くように視ることが、東井が言う『子どもを過程的に見る』(=弁証法的に視る)ということだ、と子どもが気づき、発見できるように易しく具体的に砕いて説話している『呼びかけ』の≪わざ≫は、注目に値する。

橘が立たされ、一見不真面目な振舞いをしても東井が怒らなかったこの出来事(=子どもにとってはインパクトの強い事件)を、その時間内に説明するのではなく、あの東井先生が怒らなかったのはなぜだったのかという不思議を子どもたちの胸の中で2・3日熟成させた後で改めて冷静に説話する巧みな戦略≪わざ≫——『否定の中に肯定を発見する』に通じる——が、既にこの時期東井に形成されつつあった事実に驚くのは筆者一人ではあるまい。〕

(東井の説話は続く)今先生が話したように、橘のその時の気持ちを先のようにわかってやれたと思ったら、みんなもそれをぐんぐん話してほしい、綴ってほしい。他人はそのことをまだわからずにいるかもしれないのだから。そうしたら「ああ僕はうっかりしている間に橘はあんなに偉くなったんだなあ、よし僕だって」と今度は日下部が頑張るという風になると思うのだ。

と教師の話を一段落させている。説話の「落ち」で、今度は日下部がと固有名詞を挙げて呼びかけ、「きっと君ならやってくれるに違いない、先生は期待しているよ」と東井が「まなざし」し、「指さし」している「呼びかけ」の<わざ>も、見逃してはなるまい。この後、そのように「わかってやった世界を話す綴方」を書くためには、さらに、〈1．誰のことをわかってやった綴方か、2．どんな心をわかってやったのか、3．どんなつもりでわかっ

てやったのか、4．表し方について〉子どもたちが発見していく手がかりとして作家坪田譲治の「魔法」の一話を紹介している。おそらく東井の頭の中で、橘を怒らなかった理由を他人をわかってやる綴方の書き方と絡めていつ話してやろうかと思案していて、そうだ坪田の童話と結び付けて話してやろう、坪田の前に、子どもにはより身近な橘の例を先にしようという構想が閃いたものと推測される。まず、子どもにとって身近でインパクトの強い話をする、その後で本物（＝坪田の童話）に触れさせ、「この童話おもしろかっただろう、もっと聞きたいなという気がしただろう、それは坪田の書き方がうまいからだ、どこがうまいか探してみよう」と子どもたちに書き方のコツを発見させようとしている。ここにも東井の職人的な「呼びかけ」の〈わざ〉が埋め込まれている。

それともう一つ、この欄で「各科の学習帳をぐんぐんはたらかせるc)」と記していることにも注目したい。東井は、綴方を教科「綴方」だけでなく、この綴方的学習法を「各科の学習帳をぐんぐんはたらかせる」とどの教科でも貫いている。後の『村を育てる学力』で主張される「ひとり学習―みんなでの話しあい・磨きあい―ひとり学習」という学習サイクルの原型が、既にこの時期に固まっていた証拠といえよう。

4　「呼びかける」綴方・「生活を掘る」綴方

最後に、11月のd）と4月のb）呼びかける仕方について分析しておこう。

前節でも触れたように、「直接子どもの主体性につながる」綴方について、東井は「主体性の片足は本能の中にある。他の片足は環境の中、歴史的社会的環境の中にある。」と説明している。東井は、この本能のつるはしで現実の歴史的社会的環境、そこに生活している自分の内面を「掘削」せよと子どもに要求している。それが11月の下線d）である。

この掘削をやる際に東井が問題にしたのは、そのつるはしが錆びており、鋭さが鈍り、街の子が日常の生活環境を深く掘り下げることを妨げている、という点である。『村を育てる学力』を書いた東井が、豊岡小の子どもを「街の子」と捉えているところにも注目したい。国分一太郎や鈴木道太らの北方性綴方の子どもとの間には違いがある。「街の子」に鋭いつるはしを持たせ、それで自分たちの生活を深く掘り下げて得た綴方（＝それは研究物になる）を、

みんなで分けあい・磨きあうためには、4月から系統的で丁寧な綴方指導がいると東井は考えていたものと思われる。この点を資料①を引用しながら分析していこう。なお［］は、筆者のコメント。

　まず11月d）で「生活の目を内に向ける。口先でわかっていてもだめだ、ことばを体の力にしなければならぬ。」そのためには、指導方法欄d）でいう「公式的な生活、非協力的な生活を見つけ出し、それを反省する」必要がある。［『公式的な生活』とは、建前的な生活、『古い体質の概念』に縛られた生活のこと。『非協力的な生活』とは自ら進んで集団で学習しあい、生活しあおうとはしない個人主義的な姿勢のこと。］より具体的には、再び①から引用すれば、それは、「自らをうがち、掘りかえし得る唯一の力と行動は常に自らの中にうごめき、灼熱しつつも、設計し構図し、批評することを忘れない客観的な情熱の中にこそ胚胎するからだ。」しかし「≪表現は本能である≫ということと軽々に妥協するのでは、生活綴方を常識の中に埋め、ついにはその存在理由をさえ見失わせてしまう。……本能が唯ひとり燃え、燃え終わるのでなく、社会的必然に合流しそれの止揚に」努めること、これが11月指導要項1の最後のd）「本当の自分をさらけ出す」である。その際、掘削のつるはしが旧い体質の概念に縛られて錆びていると、「ことばの真実性」が怪しくなる。だから指導方法2のように、「書かせたものの中から、公式的な非真実的なことばをみつけて書きなおさせる」必要が出てくる。［例えば、父が僕の散髪をしてくれている。かなり痛いが、父が刈ってくれているのだから『痛い』と本音を言ったらだめだと思い、『お父さん、散髪してくれてありがとう』と書いてしまう。東井は、こんな『真実性』のないことばを見つけて書き直させて、『自分をさらけ出させ』ようとする。これはもうそのまま生活綴方教師が実践した『概念くだき』の手法に通底している、と筆者は考えている。］

　この点を東井は、資料①で「目・耳・口をみがく綴方」として次のように説明している。

　「掘削のつるはしは常になまの現実にぶちこまれる。そして現実の硬度と土質はこの掘削のつるはしの質を決定してきた。私達の鍬は、ともすればさびがちである。概念のさびはしばしばつるはしからその尖鋭さを奪いそれを細らせる。私はつるはしをさびざらしめんがために、絶えず、これを行動させようとする。つねにそれは光っていなければならぬ。現実のなまの中に突

入すると共にそれは現実の振動をそのまま、びりびりと我が身の行動に感じねばならぬ。綴方のつるはしは、ことばである。」

以上が、11月のd)「生活の目を内に向ける」であり、「口先だけでわかるのではなく、本当の自分をさらけ出す」（＝「生活台をくぐらせ」て「本音」を語る）ことである、とまとめることができよう。こうして内に向けられた目で、今度は11月指導要項最後のd)「人を見るのだ、わかり合え、家の人、町の人、組の中。」である。この点を、もう一度①の「呼びかける綴方」「学習統制の綴方」を引用しながら分析しておこう。

「呼びかけは、通常談話においては直接的である。……（これを文字を使った手紙に書こうとすると）書づらさを感じる。それは、（手紙を差し出す相手と）自らの交渉的生活そのものが如何に非統制的で且つ如何に情けなくも貧しいものであるかが、更にその文字を如何に集積するかの問いに於て、意識し直され、見せつけられるからである。……（意識し直すことは、別言すれば）呼びかけることは、働きかけることである、もの（＝人や植物や石などすべてを包括した身の回りの環境）を自らの中に統制しようとする過程的精神（＝主体にたぐり寄せる行為）である、働きかけることは掘削することである」ということを子どもに自覚させてくれる。これを「学習統制の綴方」で説明し直せば、次のようになる。

私たちは日々の所謂学習を如何なる祈念の下に計画しているか。所謂知識の断片が何ら直接的なるものとして子どもの身に付けさせられず（＝主体に屈折されずに）、寒々と頭の中に詰め込まれ、教師から問われて発表しているだけではないか。学習が何らかの生活統制に参加する（＝主体にたぐり寄せられ、身に付く）のでなかったら、それは意味がない。生活統制という限り、生活綴方はその活動を開始する。（つまり）これは如何なるものを身に付け得たか、と共に己のものとし得たそれを更に共にわかつための生活統制であり、尚、如何にして身に付け得るかの学習技術の発見であり、己の掘り方の報告である。頭の中に詰め込まれただけの観念的学習を私たちのつるはしは砕かねばならぬ。

実は、この説明が、もうそのまま「呼びかける綴方」の内実になっていることは自明であろう。子どもは、自分の主体にたぐり寄せながら、身の回りの対象に、授業においては教材に働きかけ、尖鋭なつるはしで掘削して得たものをみんなにも聞いてもらいたい、批判してもらいたい、そしてもっと良

い方法はないかと磨きあってほしい、と呼びかける本能がうずうずしてくる事情が了解されよう。

　最後に、資料②の月刊誌『綴方精神』には、東井の他に何人かの教師が同じフォーマットで児童文指導実践計画を載せている。本誌は兵庫県綴方教育人聯盟によって1935（昭和10）年7月に創刊された。創刊時会員は東井も含めて195名。彼の論文が最初に掲載されたのは、第3号（1935年9月）の「現実からの発足」である。また豊岡小には但馬地方の生活綴方のリーダー浅田正雄がいる。さらに東井自身全国の生活綴方教師との濃密なネットワークを駆使して、生活綴方実践の最先端の動向を入手していた。東井一人で実践していたのではない。東井はこうして多くの人たちと協働する中で初めて自分の教育実践も行えたのだという事実も確認しておきたい。なお、東井の教育実践全般について詳しくは、拙著『東井義雄の授業づくり――生活綴方的教育方法とESD』（風媒社、2016年）を参照してほしい。

注
1）林泰成・山名淳他編著『教員養成を哲学する』東信堂、2014年。
2）豊田ひさき『小学校教育の誕生』近代文芸社、1999年。

　　　　　　　　　　　　　　　　　　　　　　　　　　（豊田ひさき）

第2章

教科教育と学習集団：国語の授業と集団の指導
―教科内容が求める学習集団という見方で再検討する

1 国語科教育と学習集団

　これまで学習集団について、それぞれの教科教育の教科内容との関わりで論じられることは少なかった。国語科教育についても、その教科内容の具体と学習集団との関わりは十分に論じられてきたとは言い難い。

　全国大学国語教育学会編の『成果と展望』や日本国語教育学会編の事典の目次・索引を見ても「学習集団」という用語は見当たらない。それ以外の国語科教育に関する辞典・事典類、大学のテキスト類も同様である。[1] 学習集団はすべての教科に関わるので取り上げないというのであれば、なぜそれらの辞典・事典等の目次や索引に「発問」や「評価」が掲載されているのか。（そういう中で柴田義松・阿部昇・鶴田清司編著『あたらしい国語科指導法』では第4章・第3節として「学習集団の指導」が設定されている。[2]）

　「学習集団」そのものの重要性が十分に認知されていないということもあるかもしれないが、少なくとも国語科教育の立場から学習集団を捉え検討するということが限定的にしか行われてこなかったことを示している。

　長く国語科教育における学習集団の在り方を追究してきた大西忠治は国語科の教科内容と学習集団の関係に言及している。しかし、「基本的ないくつかのモメント」について述べているだけで、具体的な教科内容がなぜ学習集団の指導を必要としているかについての言及はほとんどない。国語科の教材研究・教科内容への言及と、学習集団の指導への言及が別々に行われている。[3] 同じく長く学習集団研究を続けてきた吉本均も、国語科に限らず各教科教育の教科内容と学習集団との関わりについての言及は限定的である。[4]

　学習指導要領の改訂に関わって「アクティブ・ラーニング」が文部科学省によって提唱されつつある。これは、かなりの程度、学習集団を生かした授業の在り方と重なる。アクティブ・ラーニングは、「資質・能力」という新

しい能力観・学力観に関わって提唱されている可能性が高い。しかし、学習指導要領に関する議論でも、各教科の具体的な教科内容とアクティブ・ラーニングの関係についての検討は不十分である。

今後、各教科の教科内容の再構築との関わりで、学習集団の指導についての検討を進めていくべきである。言い替えれば、どういう教科内容が学習集団を生かすことを必然として求めているのかを具体的に解明するということである。それはアクティブ・ラーニングについて考えていく際にも、大きな示唆を与えてくれるはずである。本稿の前半では、国語科教育に関わり、その検討を試みたい。

また、これまで研究では「主体性」「全員参加」「みんなでわかりあう」「共同」などの言葉で学習集団の意義が語られることはあったもが、それらが各教科のどういう教科内容のどういう学習過程で実現するのかについての解明は十分ではなかった。本稿の後半では「内言の外言化」という切り口から、国語科の教科内容との関わりの中でそれについて検討していきたい。

2　国語科の教科内容から学習集団を考える

(1)　国語科の教科内容と学習集団

　授業は各教科の学力を子どもたちに身につけさせ、育てていくためにある。当然のことながら、学習集団はその文脈に位置付く。国語科教育の場合、どういう学力を身につけさせ育てるために学習集団を生かしていく必要があるのか。それを解き明かすためには、学力の内実である教科内容を検討していかないといけない。様々な角度からの捉え方があるが、文部科学省が学習指導要領でカテゴライズしている教科内容は「話すこと・聞くこと」「書くこと」「読むこと」「伝統的な言語文化と国語の特質に関する事項」である。この中で一番授業時数が多いのは「読むこと」である。たとえばこの「読むこと」の授業で学習集団を生かすことの意味はどこにあるのか。

　学習指導要領には、「文章の構成や展開、表現の仕方について、根拠を明確にして自分の考えをまとめること」などがその「内容」として位置づけられている。そして、それら内容に対応する「言語活動」としてたとえば「詩歌や物語などを読み、内容や表現の仕方について感想を交流すること」がある。(以上、国語・中学校2年「読むこと」)

このレベルの捉え方では、子どもの学力として育てていく際に、学習集団を生かすことが本当に有効なのかどうかは見えてこない。またこれらの「言語活動」で学習集団はどう生きるのかもよく見えてこない。

学習集団を生かす授業では、言うまでもなく「集団」が鍵となる。集団とは人間の集まりだが、ただ群れのように集まっているのではなく、成員相互の関係性が存在する。通常は、そこに一定の規範や組織があり、一定の共通の目的がある。授業における目的は、すべての子どもが質の高い学力を身につけることである。

学習集団は、そのために学習過程で子ども相互の関係性を重視するのだが、自然発生的なものを待つだけではなく、意識的に子ども相互の関係性を創り出していくことが重要となる。規範は授業の規律や合意事項であり、組織はグループや役割分担、学習リーダーなどが対応する。

そのことを軸としながら、国語の授業で学習集団を生かすことの意味を問い直してみたい。学習集団などとも言わなくても、教師が学級の子どもに発問をし子どもが答える「問答型」の授業でも十分に学力が育つという考え方もある。また、教師が周到に準備した教材や資料、写真や図・グラフなどを使いながら丁寧に説明すれば、子どもたちに学力が身につくという考え方もある。なぜ、わざわざ時間と手間をかけて子ども相互の関係性を重視する必要などあるのか、という問いに答える必要がある。

既に述べたようにこれまで、「学び」「学習」「学力」「能力」などの要素と学習集団については、様々に論じられてきてはいる。たとえば、学習内容が「わかる」子どもと「わからない」子どもの分裂と、その克服といった論じ方である。それはそれで意義あったはずである。しかし、国語科の「この教科内容をこの子どもたちに育てる」ために、「問答型」でもなく、教師の丁寧な説明でもなく、子ども相互の関わり合いを重視した学習集団の授業こそがなぜ必要なのかの検討は極めて限定的にしか行われていなかった。

子ども相互の関わり合いを作るためには、学級の子ども相互の話し合いや意見交換、討論などが有効である。また、学級全体の検討の前にたとえば4人程度のグループによる話し合いや意見交換、討論などを生かす方法がある。

それは国語科教育においては、どういう教科内容を身につける場合に有効なのか。

今、「21世紀型能力」[5]「新しい能力」[6]「あたらしい学力」[7]などと言われ論

議されていることと、それは深く関わると見ている。たとえば、それらの中には「評価的思考力」「批判的思考力」「主体的判断力」「メタ認知力」「社会的実践力」などが位置づけられることが多い。学習集団を生かすことでこれらに関わる国語科の教科内容を、より確かにより豊かに子どもたちのものにできると考える。

(2) 説明的文章の教科内容と学習集団

その教科内容の具体はどういうものか、説明的文章の読みの授業を例に考えてみる。小6の論説文教材に「生き物は円柱形（本川達雄）」がある。[8]
序論で次のように仮説を示す。

> 地球には、たくさんの、さまざまな生き物がいる。生き物の、最も生き物らしいところは、多様だというところだろう。しかし、よく見ると、その中に共通性がある。形のうえでの分かりやすい共通性は「生き物は円柱形だ」という点だ。

題名のとおり「生き物は円柱形」が仮説である。
そして、本論で「君の指を見てごらん。」とそれを論証するために、具体的な事例を多く挙げていく。指、腕、足、首、胴体などが円柱形であることを述べる。そしてミミズ、ヘビ、ウナギが円柱形であること、猫、犬の足や胴体も円柱形であることを述べる。その上で今度は植物に移り、木の幹や枝、草の茎も円柱形と述べる。さらには蝶々の羽や葉など「例外」も示す。しかし、それらを除けば蝶も触角や足は円柱形だし、植物も全体的には円柱形であると述べる。さらに「円柱形は、強い形」であることを実験を通して述べる。最後に円柱形は「速い」ことにも適しているとも述べる。ミミズとマグロをその具体例として挙げる。

この文章の構成や事柄、論理関係を読んだ上で、最後にこの仮説に納得できるかできないかを検討していく学習過程が重要な位置を占める。子どもはたとえば「納得」「ほぼ納得」「納得できない」「論証で納得できない部分はあるが、仮説そのものには納得」「条件付き納得」などの意見をもつ。そして、それをグループや学級全体で検討していく。その際に子ども相互の有機的な関わりが大きな効果を発揮する。互いの見解を友だちに述べ、また友だちの

見解に反論するために、文章を再読したり、文章で取り上げられている以外の事例を見つけたりする。

　そういう中で評価的に文章を読む力、批判的に文章を読む力、論争をする力を子どもたちは身につけていく。教科内容として「取り上げている具体例は典型的と言えるのか」「特殊な例を典型であるかのように述べていないか」「取り上げている例に過不足はないか」「仮説に合致しない事例を無視していないか」「他の解釈可能性を無視していないか」などの評価・批判の方法を学び身につけていく。[9]

　たとえば「亀やワニは円柱形でない」「サボテンなどは円柱形でないものの方が多い」「魚は円柱形のものもあるが、大部分は平たくて円柱形とは言いにくい」「マグロが速いと言うが、マグロは円柱形ではなく円錐形でないか」「ミミズが速いと言うが、何を基準に遅い・速いと言えるのか」などの検討が始まる。それに対し「亀やワニも手足は円柱形だし、円柱形に例外があることは筆者も認めている」「サボテンは植物としては特殊なものではないか」「マグロは円錐形でも胴体は円柱形だ」「ミミズは土の中にしては速いと考えていいのではないか」などの反論も出てくる。もちろんそれへの再反論もある。その検討過程で見解が動く子どもも出てくる。授業の終末で唯一の結論に到達する必要はない。その検討過程で子どもたちが多様な読む力を身につけることが重要である。

　これらの学習は、教師が発問し個別に子どもが答えていく「問答型」でも展開できないわけではない。しかし、発言者が限られていたり子ども相互の関わりが部分的であったりする。そのため異質性・多様性が顕在化しにくい。多くの子どもを巻き込んだ話し合い、意見交換や討論にまでは発展しにくい。そのため、子ども一人一人の問い直しも弱くなる。

　学習集団を生かし、グループや学級全体での話し合い・意見交換、討論など、子ども相互の関係を重層的に生かしながら授業を展開することで、より多くの子どもが発言の機会を得る。そのため、より異質な意見が生まれてくる。多様な検討が展開できる。また、論点の再検証がより多く繰り返される。より多くの子どもが自らの読みへの問い直しを行うようになり、自己内対話の質がより高まる。子ども一人一人、グループ、学級全体の中で豊かな試行錯誤が生まれるのである。

　それらの過程によって、子どもたちはより有効に評価的な読み方、批判的

な読み方を身につけていく。それは評価的思考力、批判的思考力を育てることにつながる。

3　学習集団を生かしていくことの優位性

(1) 内言の外言化と異質性・主体性

　教科教育の教科内容との関わりで学習集団が具体的に論じられることが弱かったために、学習集団を生かすことの優位性そのものの解明も曖昧な部分を残してきた。これまで言われてきた「主体性」「全員参加」「みんなでわかりあう」「共体験」「共同」などの優位性はそのとおりとしても、その内実の追究が十分ではなかった。教科内容との関わりで検討することで、学習集団を生かすことの意味がより明確になっていく。子どもを学習の「主体」とすること、質の高い「全員参加」を保障すること、「共同」の関係を構築することなどの意味がより鮮明になってくる。その際に「内言の外言化」という見方が一つの鍵となる。

　「問答型」の授業を展開していたとしても、教師の質の高い指導があれば、ある程度までは子どもを「主体」とした授業は成立できる。しかし、そこには限界がある。学習集団を生かすことで、子どもの発言機会と時間が大きく増える。それも国語を得意とする子どもだけでなく、より多くの子どもが発言できるようになる。それは、一つにはグループでの話し合い・意見交換等があることで可能となる。筆者の仮説に納得できる・できない、これがクライマックスなどの見解をまずは、子ども一人一人で考えることを大切にする。その上で4人程度のグループで話し合うことで、グループの成員は発言の機会を得ることができる。急に学級全体だと発言がおぼつかない子どもでも、思考の断片を口にすることができる。グループで話し合うことで、その機会が多く得られることもあるし、自分以外の友だちに話すだけであれば、ハードルが低くなる。言葉の断片だとしても、他の子どもが引き取ってそれを聞き返してくれたり、意味づけてくれたりすることもある。

　また、グループの話し合いの後の学級全体のやり取りの際にも、自分一人の意見というよりグループの意見としてであれば、より多くの子どもが発言しやすくなる。その際には、学習リーダーのリードやグループの成員の援助が大切だが、これも、教師の丁寧な指導があれば可能となる。また、グルー

プや学級への発言が保障されるようになってくると、その発言を意識してより積極的な思考・検討を子どもたち一人一人が行うようになる。

　これは、学習集団を生かすことによる「内言の外言化」の促進と捉え直すことができる。[10]

　私たちが言語として話したり書いたりしている言語は「外言」である。それに対し、思考は「内言」という言語によって成立している。内言は外言よりもずっとそのスピードが速い。思考のために内言は省略したり短縮したりしているからである。内言は主に主語や修飾語を省略した述語から成り立っている。また、概念を担う用語はコンピュータの短縮言語のように短くされる。「秋田大学大学院教育学研究科教職大学院」などを内言では極めて短い記号に変えている。また自分にとって当然の前提となる概念や事柄なども省略されながら思考は展開する。ヴィゴツキは内言を「自分のための言語」と言ったが、内言は通常の文章やメッセージ（外言）のように整っていなくてもよい。それ以外にも内言にはおそらくは立体的な地図のようなものが存在していると私は考えるが、いずれにしても省略・短縮によって内言は極めて速く働く。私たちは予想外の出来事に遭遇しても一瞬のうちに認知し判断する。

　ただし、内言にも苦手な要素がある。それは意識化が弱いことである。自分自身の思考・判断のための言語だから特に意識しなくても展開していく。意識しないからこそ速いという側面もある。だから、他の人に話す説明する、文章として書くという場合、つまり外言化が必要となった場合、内言の再構築が必要となってくる。主語と修飾語を復活させ述語と組み合わせる。短縮されている概念は誰にでもわかる形に戻す。省略している概念や事柄は再生し誰にでもわかる形にする。また、話す順序・書く順序などの構成も考える必要がある。文法的な整合性も問われる。そうしないと、聞き手・読み手には意味が通じない。

　グループの話し合い、学級での話し合いなどにより学習集団を生かすことで、子どもの「内言の外言化」の機会は大きく促進される。それもすべての子どもに外言化の機会を保障できる可能性が大きく高まる。外言化の機会をもつことで、子どもは自らの思考を重層的に再構築する機会をもてる。対話・討論の中で、曖昧なものを明確化し意識化し再構築する。文章（教材）の再読も求められる。その過程で子どもは新たな見方、新たな発見をすることが

しばしばある。「生き物は円柱形」であれば、内言の外言化の過程で何度も文章（教材）を再読し、文章の構成・論理などを再検証する。また、文章に書かれていない具体例や根拠を見つけ出す過程も生まれる。その中で自分の見解と根拠を再吟味していく。

　外言化の機会は「問答型」の授業でもあるが、限定的である。グループでの意見交換の中で子どもは多くの外言化の機会を得る。つまり再構築の機会をより多くの子どもが保障されることになる。その意味で理念としての「全員参加」ではなく、「内言の外言化」という実質的な学習参加がより多くの子どもに保障されることになる。（そのためには、グループ編成や学習リーダー指導、教師の適切な助言等が求められる。）

　また、外言化の機会を多くの子どもが得ることで、通常の「問答型」では出てこないような異質で多様な見方が出てくる。教師と子どもの「問答型」では、教師が指名するか子どもが挙手をして発言することが通常である。挙手はその教科が得意であったり、その問いに自信がある子どもに限られることが多い。学習集団を生かすと、まずはグループで異質な見方が出されるようになる。それを学級全体に出すことでより多様性のある検討が可能となる。異質性が絡み合うことで、相互に刺激し合いながら比較・検討が展開される。異質な「見解」「解釈」「根拠」「理由」「解き方」「主張」等の交わり合いである。

　その異質性がさらに発展すると、見方の相違・対立となる。それにより討論が生まれる。そこから新たな見方・発見が生まれる。複数の見方が構造的に組み合わされることで弁証法的な思考過程が生まれる。討論することで論点が絞られ。自分の見方についての問い直しも始まる。自己内対話である。また自分と違った見方をより分析的に吟味するようにもなる。そして自分の見方と相手の見方を再度突き合わせ検討していく。討論により学習集団の中で一つの見方が妥当となることもあるが、重要なのはその過程で新たな価値が見えてくることである。どちらもが妥当性が弱く、別の見方がより妥当性が高いという発見が生まれることもある。「試行錯誤」「評価・批判」「推理・検証」が重層的に生まれる。それにより「主体」「みんなでわかりあうこと」「共同」の質が大きく高まり、「全員参加」に限りなく近づいていく。

(2) 物語・小説の教科内容と学習集団

　物語「スイミー」（レオ＝レオニ）の作品構造上のクライマックスを追究する授業では、たとえば次のように学習集団が生きる。[11]（ここではこの教材を高学年を対象として扱った授業を想定し検討していく。）
　「スイミー」の山場の後半は次のとおりである。（分かち書きは通常の表現に改めた。）

>　<u>それから、とつぜん、スイミーはさけんだ。</u>
> <u>「そうだ。みんないっしょにおよぐんだ。海でいちばん大きな魚のふりをして。」</u>(A)
> 　スイミーは教えた。けっして、はなればなれにならないこと。みんな、もちばをまもること。
> 　<u>みんなが、一ぴきの大きな魚みたいにおよげるようになったとき、スイミーは言った。</u>
> <u>「ぼくが、目になろう。」</u>(B)
> 　あさのつめたい水の中を、ひるのかがやく光の中を、みんなはおよぎ、大きな魚をおい出した。　　　　　　（下線とA・Bは阿部による。）

　クライマックスは、上記のAかBのどちらからしいということになってくることが多い。子どもたちは、はじめは「何となく」というレベルだが、AかBかをめぐって、本文に根拠を見つけ意味づけをしていくうちに、だんだんと読みが深くなってくる。はじめは「Aは『さけんだ』だからクライマックス」「Bの『目』が大切そうだからクライマックス」という程度の読みだが、少しずつ多様で深い読みが出てくるようになる。
　Bの立場からは、「目」のもつ象徴的な意味が出されることもある。確かに「目」には中心、先を見通す、判断するなどの比喩的・象徴的な意味が含まれる。スイミーがリーダーとなっていくことを象徴的に示していると読める。この作品からは、弱い者たちが力を合わせて自分たちの脅威と戦っていくという主題が読めるが、同時に人物スイミーの成長譚という主題も読める。また、Aの立場からは、Aで「みんないっしょにおよぐんだ」と叫ぶ直前の「スイミーはかんがえた。いろいろかんがえた。うんとかんがえた。」との文脈性を指摘する意見が出ることもある。ここでのスイミーの長く苦し

い試行錯誤の後の叫びという劇的な効果を発見するのである。Bの立場からは、導入部の人物設定との関わりを指摘する意見も出てくる。導入部には「みんな赤いのに、一ぴきだけは、からす貝よりもまっくろ。」という人物紹介がある。ここでは、スイミーの黒さを6つ以上のレトリックで強調している。それも「赤いのに」の「のに」からは、やや期待とは違うといったやや否定的ニュアンスも読める。その黒が、クライマックス「ぼくが、目になろう。」で生きるという読みである。ただ黒が生きるだけでなく、はじめはやや否定的に思われた異質としての黒が、集団を救う決め手になるという効果も見えてくる。一見否定的に見える異質性こそが集団を救うという主題としてとらえることもできる。さらにBについては「みんなが、一ぴきの魚みたいにおよげるようになったとき」への着目も生まれる。「なったとき」と書かれているということは、その前まではまだ一匹の大きな魚にはなりえていないことになる。

　結果としては、「ぼくが、目になろう。」を含むBがクライマックスである可能性が高いという意見で一致してくるが、そのこと以上に作品の仕掛けを構造的・メタ的に読むことに意味がある。そして教科内容として「前後の文脈を読んで描写性を吟味する」「言葉がもつ複数の象徴性を読む」「導入部の人物設定が山場・クライマックスの伏線となることを読む」「助詞が含む意味から語り手の評価的姿勢を読む」「副次的・重層的に主題を読む」などの新しい読みの方法をより豊かにより確かに身につけることになる。[12]

　これらも「問答型」の授業で全く学べないわけではない。しかし、発言者が限られていたり、子ども相互の関わりが限定的であったりすることで、ここまでの異質で多様な読みが出てきにくい。何より多くの子どもをが主体となる意見交換、討論には発展しにくい。

　学習集団を生かして「一人一人の思考」「グループでの学び合い」「学級全体での学び合い（話し合い・意見交換、討論）」をなどを展開することで、より多くの子どもが「内言の外言化」の機会を得ることができる。そして、その外言化が子ども相互の関係に高まっていく。だから、より異質で多様な読みが生まれる。学習集団を生かし、こういう過程を生み出すことで、子どもがより「主体」となる学習、そしてより質の高い「全員参加」に限りなく近い学習が展開できるようになる。

4　各教科の教科内容が求める学習集団という観点での事例研究

　国語科教育と学習集団の関係を考えてきが、子ども相互の関わり合いによる「異質性」「多様性」の促進、「論点の再検証」「外言化」などは、国語科とは違ったかたちではあるが、他の教科にも通じる。ただし、これまでは汎教科的部分に着目することが多く、教科独自の教科内容の具体に即した解明が不十分であった。各教科の教科内容が求める学習集団という観点から、各教科教育の立場から学習集団を生かすことの意味を解明していく必要がある。その切り口の一端を本論稿では試案として示したが、十分ではない。今後、多くの事例を集積し分析・検討する中で、この精度を上げていく必要がある。

注
1) 全国大学国語教育学会編『国語科教育学研究の成果と展望Ⅱ』2013（学芸図書）、日本国語教育学会編『国語教育総合事典』2011（朝倉書店）、田近純一他編著『国語教育指導用語辞典・第四版』2009教育出版、髙木まさき他編著『国語科重要用語事典』2015明治図書などの目次・索引には「学習集団」は出てこない。
2) 柴田義松、阿部昇、鶴田清司編著『あたらしい国語科指導法・四訂版』2014（学文社）
3) 大西忠治『大西忠治「教育技術」著作集』(全17巻＋別巻1) 1991（明治図書）
4) 吉本均『学級の教育力を生かす吉本均著作選集』(全5巻) 2006（明治図書）
5) 国立教育政策研究所「社会の変化に対応する資質や能力を育成する教育課程編成の基本原理」2013
6) 松下佳代編『〈新しい能力〉は教育を変えるか―学力・リテラシー・コンピテンシー』2010（ミネルヴァ書房）
7) 阿部昇『確かな「学力」を育てるアクティブ・ラーニングを生かした探究型の授業づくり―主体・協働・対話で深い学びを実現する』2016（明治図書）
8) 本川達雄「生き物は円柱形」『国語五』（小学校国語教科書）2014（光村図書）
9) 説明的文章の評価的思考力に関わる教科内容については阿部昇『文章吟味力を鍛える―教科書・メディア・総合の吟味』2003（明治図書）を参照願いたい。
10) 内言の外言化については、レフ・セミョノヴィチ・ヴィゴツキー（柴田義松訳）『思考と言語』（新訳版）2001（新読書社）403～422頁に基づく。原著は1934。
11) レオ＝レオニ（谷川俊太郎訳）「スイミー」『こくご二上』（小学校国語教科書）2014（光村図書）
12) 物語・小説の評価的思考力に関わる教科内容については阿部昇『国語力をつける物語・小説の「読み」の授業―PISA読解力を超えるあたらしい授業の提案』2015（明治図書）を参照願いたい。

（阿部　昇）

あとがきにかえて
── 学習集団研究の「現在」に向けて

　本書『学習集団研究の現在1　いま求められる授業づくりの転換』は、学習集団研究の「過去」と「現在」を越えて、その「不在」ではなく「現在」を今日における教育動向と重ねながら明確にするという意図のもとで刊行されている。ここでは冒頭の「刊行の辞」において提起されている「主体性」と「集団性」という教育実践における論点を軸として、本書に収められている論考を概観してみたい。

　「主体性」において問われてきたことは、「教師の教えによって子どもの主体的な学びを誘発するという揺るがすことのできない教授学的原則」（久田論文、48頁）である。教授主体としての教師と学習主体としての子どもとの主体―主体の弁証法（ドラマ）が、学習集団研究における教授学的原則である。しかしながら実践的には、子どもたちは教師の問いかけや誘いによって即座に学習主体になると捉えることは短絡的に過ぎるだろう。だからこそ、長谷川実践においては「いやだ。やりたくない。」（長谷川論文、54頁）という子どもの要求や抵抗が、山口実践においては「できない」「分からない」ことに基づく要求発言（山口論文、78頁）が実践の基盤に据えられている。抵抗する主体・要求する主体として子どもを育てるのである（宮原論文、90頁）。

　こうした実践を支えるために、「正答主義が支配している学習環境ではなく、教師がまなざしで語りかけ、安心の拠点としての『居場所』を教室につくりだ」（竹内論文、110頁）すことの意味が確認されてきた。「子どもの自立への励まし」こそが「否定の中に肯定を見る」という子ども理解を支える評価観だと捉えるからこそ（竹内論文、114頁）、長谷川実践における子どもの発言「いやだ。やりたくない。」を教師に対する「評価活動」として捉え直す意味が鮮明となってくる（八木論文、69頁）。評価は何よりも子どもたちの「達成感」を明確にするもの（山口論文、85頁・79頁）でなければならない一方で、「わからない」と表明している子どもたちの励まし方は肯定的評価活動だけではないことを竹内美貴実践は示している（竹内論文、116-117頁）。「他者を意識して自分の考えを表明することが授業に参加していくことではないか」（竹内論文、117頁）という子どもへの語りかけにこそ、学習集団論が追

究してきた「主体性」と「集団性」の弁証法が潜んでいる。
　教育実践において子どもの「主体性」を問うことは、教師の「主体性」を問うことでもある。だからこそ、「教えねばならないもの」を教師の「教えたいもの」に転化する教材研究の意義が軽視されることはありえないだろう。教師の「教えたいもの」を子どもの「学びたいもの」に転化するための「発問」のあり方として、「誰もが答えやすい」発問という正答主義の授業に陥りかねない側面を乗り越え、「誰もが考えやすい」発問へとそのあり方を捉え直したのが小泉実践である（小泉論文、96頁以下）。「大造じいさんとがん」における発問の構想は実は、「限定発問」「類比発問」「否定発問」というこれまでの発問研究の蓄積の上で（山口論文、80頁）、「限定して問う」ことで構想されていることにも着目したい（小泉論文、98-99頁）。だからこそ、「教師の発問は、子どもたち自身が自ら問いを発見していく力を育んでいくためのツールとして機能」（＝「誰もが考えやすい発問」）するのであり（小泉論文、105頁）、「『自問』ができるようになるというのは、決して勉強のできる子だけに保障されたプロセスや結果ではなく、しんどい子の学力保障でもある」（佐久間論文、108頁）という学習集団研究の原則がより明確となるのである。
　学習集団は「『みんなでわかり合う』という初志の原則」（子安論文、20-21頁）があるからこそ、「教師や集団をいつも優先するのではなくて、教室空間の方をどの子も居られる空間にする責任があるのは教師の側ととらえる」（子安論文、26頁）ことへと開かれているのであり、椎屋実践もこの文脈に位置づいている（竹内論文、111-113頁）。すなわち、「特別なニーズを持つ子どもが生きやすい教室をつくっていこうとする中で、教師自身が学校にある常識を疑い、自らの囚われから脱していくならば、支援の方法は豊かにひろ」がっていくのであり、「教師が自ら困っていくことから抜けきって、子ども自身が困っていることを発見できるかどうかが重要となる」のである（竹内論文、112-113頁）。学習集団の実践への道程は名人芸へと至るための「修行」ではない。むしろ、「教師が教室のすべてを掌握しなければならないという強張りを解」（宮原論文、92頁）き、子どもたちへの愛と要求のもとに子どもの「主体性」を「集団性」として結実させるための実践的手立ての一つが「班」であったのであり、子どもの「学びたいもの」を「学び合いたいもの」へと転化するための学習規律のあり方が問われたのである。
　したがって、画一的な学習スタイル（〇人班や授業展開のひな型など）や「授

業規律」として提示される「授業スタンダード」と学習集団論とは同一視されるものではない。そうではなくて、「学習集団の授業づくりは、教師の手のうちにある授業を子どもたちのもの＝子ども集団に必要な学びに転換することを目指してきた」（湯浅論文、37頁）のであり、長谷川実践では3人組という「チーム」が構想され、さらに2チームが合体した形で「班」が構想されるのであり（長谷川論文、64-67頁）、山口実践では「学級が一つの班になること」が目指されるのである（宮原論文、90頁）。こうした視点に立つからこそ、山口実践のように班員の「わからない」に寄り添い、他者の「分かった」という学びに共感することができるのである（山口論文、86-89頁）。

　ここで提起されていることは、「『頂点（できる子）』と『底辺（できない子）』がともに学ぶ場をつくり、双方が入れ替わることさえある授業づくりの魅力」（湯浅論文、34頁）である。小泉実践でいえば、「わからない」＝「自問」が学級全体の問いへと昇華していく魅力であり（小泉実践、102-104頁）、甲斐実践でいえば、「わからない」ところとその理由を共有することで「みんなで学ぶ意味」を検討していくことへとつながっていく魅力（竹内論文、117-120頁）である。ここでは、「学習権への共同要求を子どもたちに育てていくこと」（久田論文、47頁）を前提としながら、「自分とは異なる学びの生活にいる他者の存在を対等な仲間として承認すること」（湯浅論文、37頁）が求められる。これは湯浅論文では「生活との結合」（湯浅論文、36-37頁）として提起され、子安論文では「生成的に」という一つ目の意味としての「子どもの今の見方・認識から出発するということ」（子安論文、27頁）として提起され、久田論文では「学びの地平から教えのありようを逆に問い直す必要」（久田論文、50頁）として提起された問題である。

　「集団性」においては、「学びの対話的で協働的な性格に着目して、1人ひとりの思考活動の過程それ自体が同時に集団的な過程であると捉え、学級づくりをも媒介にして両者の内在的な結合を求める」からこそ、「陶冶（学力形成）と訓育（人格形成）の統一」のあり方が問われてきた（久田論文、46頁）。すなわち学習集団づくりは、「教科内容（学問的知識）が全員の子どもたちにわかる授業」（中野論文、15頁）を目指してきたからこそ、「会話のための文化的に意味のある領域として構成された」教科（Fach, subject）の授業のあり方が問われるのである（中野論文、14頁）。阿部論文では、国語科の授業を例としながら、「各教科の教科内容が求める学習集団」のあり方が提起され

ている。スイミーの授業例のように、AとBという対立・分化を生む「異質で多様な読み」をもとに、「作品の仕掛けを構造的・メタ的に読む」ことで教科内容としての「描写性」「象徴性」「山場・クライマックスの伏線」「助詞」「主題」の読解へとつながることが提起されている（阿部論文、146-149頁）。

　すでに確認されてきている危惧は、「内容研究が十分でない場合には子どもの習得内容が表層にとどまること」（子安論文、29頁）であり、「『真理・真実のかたまり』としての教科内容という視点とそれによる内容研究の成果を後景に退かせる」（久田論文、45頁）ことである。だからこそ、長谷川実践における「海のいのち」と「海のめぐみ」の違いを巡る読解と議論（長谷川論文、67-70頁）が、山口実践では帯分数と仮分数との関係を巡る学習（山口論文、87頁）が、小泉実践の「アレクサンダとぜんまいねずみ」ではアレクサンダの立場に立った文章の読解（小泉論文、101-104頁）が、橋口実践では間違いを保障し子どもの自己決定を促すためのヒントカードの構想（竹内論文、111-112頁）が、学習集団研究における教科内容研究として重要なのである。

　阿部論文でも提起されているとおり、「その教科特有の教科内容の具体に即した解明」（阿部論文、148頁）は重要な課題であり、「科学や文化を未完で生成過程にあるものとみなし、子どもたちと事実を批判的・生成的に確かめる授業をつくる方向へと切り替えていく」（子安論文、27頁）ことや、「教科書内容を鵜呑みにしないでそれ自体を批判的に問い直す主体性という視点」（久田論文、47頁）は、引き続き今後の学習集団研究の課題として残り続けるだろう。すなわち、学習集団研究における「教科内容性」の問題である。とはいえ、豊田論文において東井義雄を引き合いに提起されている、「子どもは、自分の主体にたぐり寄せながら、身の回りの対象に、授業においては教材に働きかけ、尖鋭なつるはしで掘削して得たものをみんなにも聞いてもらいたい、批判してもらいたい、そしてもっと良い方法はないかと磨きあってほしい、と呼びかける本能がうずうずしてくる」（豊田論文、136-137頁）ような授業づくりが、学習集団研究の原点でもあるという再認識は重要であろう。「ひとりの綴方（＝考え方、見方）を『みんなで分けあい・磨きあう』学級の子どもたちの協働の『しごと』（＝研究）の内実（＝個と集団の往復）」（豊田論文、131頁）とする東井の見方が、豊田論文では授業づくりの原典＝原点に即して提起されている。このことは、教師による学習集団の実践記録を教師による綴方として捉え、それをみんなで分けあい・磨きあう学習集団研究

の今後のあり方も示唆しているといえよう。

　さらに、こうした教育実践史的研究という研究方法論だけではなく、阿部論文でも提起されているような「学習集団を意識した授業記録の方法」（阿部論文、148頁）、すなわち学習集団研究の研究方法論の検討も重要な課題として残されている。このことは、集団過程を分析するという意味での研究方法論の検討だけではなく、規範的研究としてあらざるをえない学習集団研究のあり方そのものの検討にも関わっている。「教育は、その核心部分において、技術的営みではない。道徳的実践である」（中野論文、12頁）、「これまでの教育が行ってきたように、道徳性の形成を教育の目的にした方が、どの子も元気になる」（中野論文、13頁）という捉え方は、授業や教育における「価値」をどう捉えるのかという規範的アプローチに支えられる必要があるからである。「子ども自身が、考えたい、伝えたいと願った授業＝取り組む価値があると評価した授業こそが、子どもの生き様をも変えていく」（八木論文、74頁）からである。授業における道徳性の問題は同時に、学習集団づくりに関わる研究の道徳性の問題としても認識されるのである。

　ここまで、「主体性」と「集団性」を論点としながら各論を読み解くことで、「教科内容性」・「研究方法論」・「道徳性」といった学習集団研究の今後の課題にも言及してきた。ただしこのように書くと、「学習集団研究」は一枚岩のように映るかもしれないが、実はそのようなことはあり得ない。「同一性への回収の超越」（久田論文、49頁）が学習集団研究の課題として指摘されているとおり、ある一定程度の教授学的原則や教育・授業理念は共有しつつも、その理論と実践の展開は多様であるし、またそうでなければならない。さらに、「学習集団の研究者」であることや「学習集団の実践家」であるということに固定的な意味が付与されているわけでもない。

　本書刊行の意図は、もとより、学習集団研究の「不在」ではなく「現在」を明確にしていくということだけではなく、学習集団研究を世界に「開いていく」ことにもある。本書が「いま求められる授業づくりの転換」を捉える一つの契機となり、そのために、読者諸氏より忌憚のないご批判・批正をいただければ幸いである。

（吉田　成章）

執筆者一覧（執筆順）

深澤　広明（ふかざわ　ひろあき）広島大学
中野　和光（なかの　かずみつ）美作大学
子安　潤（こやす　じゅん）愛知教育大学
湯浅　恭正（ゆあさ　たかまさ）中部大学
久田　敏彦（ひさだ　としひこ）大阪青山大学
長谷川清佳（はせがわ　きよか）広島県公立小学校
八木　秀文（やぎ　ひでふみ）安田女子大学
山口　隆（やまぐち　たかし）長崎県公立小学校
宮原　順寛（みやはら　のりひろ）北海道教育大学
小泉　靖（こいずみ　やすし）大阪府公立小学校
佐久間敦史（さくま　あつし）大阪教育大学
竹内　元（たけうち　げん）宮崎大学
豊田ひさき（とよだ　ひさき）中部大学
阿部　昇（あべ　のぼる）秋田大学
吉田　成章（よしだ　なりあきら）広島大学

学習集団研究の現在　vol.1

いま求められる授業づくりの転換

2016年9月29日　発行

編　者　広島大学教育方法学研究室
　　　　深澤広明・吉田成章（責任編集）
発行所　株式会社　溪水社
　　　　広島市中区小町1-4（〒730-0041）
　　　　電話082-246-7909　FAX082-246-7876
　　　　e-mail: info@keisui.co.jp
　　　　URL: www.keisui.co.jp

ISBN978-4-86327-364-1　C3037